Et si la vie n'était qu'un début ?

Jean Testanière
avec la collaboration d'Aurélie Fredy

Et si la vie n'était qu'un début ?

XO ÉDITIONS

ISBN : 978-2-37448-011-4

À ma mère ...

PROLOGUE

J'ai toujours été étonné de la spontanéité avec laquelle les gens me faisaient confiance, ouvrant grand les portes de leur jardin secret, se livrant sans jamais douter de ma discrétion, comme ils l'auraient fait avec leur médecin de famille, leur avocat ou n'importe quelle personne tenue à un devoir de confidentialité.

Tous épanchaient très aisément leurs peines, énuméraient en toute franchise leurs blessures, celles dont ils ne parvenaient à se défaire, leurs amours perdues ou disparues, leurs rêves oubliés.

C'est dans ce contexte de conversations à cœur ouvert qu'un ami me parla pour la première fois d'une certaine Leilla.

J'acceptai d'emblée de rencontrer cette jeune femme, sans rien savoir de sa vie ni de son passé, sans même l'avoir jamais croisée quelque part. Mon ami m'avait seulement expliqué qu'elle avait perdu sa mère à l'âge de trois ans et qu'elle était à la recherche de ses origines.

La semaine suivante, un rendez-vous fut organisé au domicile de Leilla. La charmante quarantenaire m'accueillit avec un sourire, avant de me conduire dans son salon. C'est là, peut-être cinq minutes après mon arrivée, qu'une femme apparut soudainement devant moi, comme un mirage. *La mère de Leilla*, avais-je aussitôt conclu avec émerveillement.

La vision fut si réaliste que je crus un instant la nouvelle venue physiquement là, à mes côtés, en chair et en os. Elle portait un haut vert, ses longs cheveux noirs étaient séparés de façon symétrique par une raie. Elle était très élégante, les traits de son visage étaient délicats, elle avait l'air radieuse, calme et dévorait sa fille des yeux.

Quand elle commença à me parler, je demandai à Leilla de bien vouloir s'installer près de moi et d'être attentive à ce que j'allais lui rapporter.

« Ta mère est là, Leilla, assise juste à côté de toi. Elle souhaite que je te transmette un message... Elle veut te dire qu'elle t'aime énormément et qu'elle est heureuse de la vie que tu mènes. Elle trouve que tes enfants sont merveilleux et que ton mari est très gentil, même si tu aimerais qu'il t'écoute un peu plus souvent...

Attends... Elle me parle de quelqu'un dont le prénom commence par un A... Elle est même en train de former cette lettre avec son doigt, comme si elle l'écrivait sur un mur... La lettre est rouge, de la couleur du sang... On dirait qu'elle souffre, qu'elle a mal... »

Fascinée par l'exactitude de ces propos, Leilla m'apprit, d'une voix étranglée, qu'il devait s'agir de son père, Amara.

Un homme déchu de son autorité parentale, qui était retourné en Algérie après le décès de son épouse et y avait vécu jusqu'à sa mort, un mois plus tôt.

Sans aucun autre parent sur le sol français, Leilla, ses quatre frères et ses deux sœurs avaient donc été placés à l'orphelinat avant d'être confiés à des familles d'accueil.

J'eus à peine le temps de m'en attrister que la mère de Leilla recommençait déjà à me fournir une foule de détails sur sa vie passée, s'attardant sur les bons souvenirs, semblant avoir attendu de nombreuses années avant de livrer son histoire.

Elle me narra son mariage en Algérie et son départ pour la France, la naissance de ses sept enfants, la difficulté à vivre loin de sa famille et de son pays.

Elle revint aussi sur la jalousie maladive de son époux, les règles restrictives qu'il lui imposait, son interdiction de sortir de la maison et ses fulgurants accès de colère.

Elle ajouta qu'un de ses frères, Salah, l'avait rejointe au ciel il y a une dizaine d'années, et termina en disant à sa fille qu'il était inutile d'aller pleurer sur sa tombe, car elle ne s'y trouvait pas. Elle était ailleurs, partout autour de nous…

Je fis de mon mieux pour ne rien oublier, pour restituer chaque parole de ce long monologue empreint de mélancolie. Consciencieusement, à la manière d'un automate, j'écoutais et je répétais, j'écoutais et je répétais, sans chercher à tout comprendre tant mon esprit était absorbé par cet être évanescent.

En arrière-plan, le visage de Leilla m'avait vaguement paru se transformer sous l'effet de l'émotion. Elle semblait être en apesanteur, comme engourdie.

Avant que sa mère ne disparaisse, je demandai à la jeune femme si elle avait une question à lui poser. Elle parut hésiter, puis acquiesça timidement. Oui, il y a bien quelque chose qu'elle aimerait savoir… Depuis qu'elle avait appris la mort de son père, un mois plus tôt, elle songeait sérieusement à se rendre en Algérie pour retrouver cette famille qu'elle ne connaissait que de nom ou à travers les quelques photos qu'il lui restait de sa mère, et peut-être rencontrer sa grand-mère maternelle si elle était encore vivante. Était-ce une bonne idée ?

La réponse fut instantanée :

« *Ta mère t'encourage à entreprendre ce voyage, Leilla. Elle me dit que ta grand-mère est toujours en vie, qu'il sera difficile de la retrouver, mais que tu y arriveras... Ils prétendront tous qu'elle est morte, mais ce n'est pas vrai... Elle habite dans un petit village, à côté de...* »

Il y eut un blanc. Puis la femme-fantôme regarda sa main, me la montra et me fit répéter textuellement ces mots, en me demandant de parler à sa place et de m'adresser directement à sa fille :

« *Ma fille, il y a une bague là-bas, en Algérie, qui m'a appartenu... Elle n'a pas de valeur, mais je voudrais que tu la récupères... Va la chercher, je te la donne.* »

Ensuite, ce fut le silence, profond et lourd comme une chape de plomb.

Malgré ma relative accoutumance, j'étais sous le choc. À la fois ébranlé et subjugué par cette vision incroyable, par les précisions et la nature du message que la mère de Leilla m'avait fait transmettre... Elle avait paru si réelle, s'était exprimée avec clarté, elle avait même posé la main sur l'épaule de sa fille... C'était tellement intense et beau, qu'il nous fallut plusieurs minutes, à Leilla et moi, pour nous en remettre.

En partant, j'expliquai à la jeune femme ce qui allait sûrement se produire dans les jours à venir. Des lampes allaient mystérieusement s'allumer puis s'éteindre toutes seules, elle risquait d'entendre des bruits inhabituels et les appareils électroménagers de son appartement pourraient se mettre en marche à l'improviste. Il ne faudrait surtout pas en avoir peur, c'était simplement la façon qu'avaient les défunts de se manifester.

Après notre entrevue, Leilla se résolut à partir en Algérie, où elle vécut une histoire à couper le souffle. Aujourd'hui encore, le récit de son voyage me donne des frissons.

Son oncle Larbi, qui avait repris contact avec elle à la mort de son père via Facebook, se chargea de l'attendre à l'aéroport de Constantine. Il la conduisit ensuite à Tébessa, une ancienne ville romaine dans le nord-est de l'Algérie. C'est là que la famille de son père, et auparavant celle de sa mère, habitait, à plus ou moins mille kilomètres de chez elle.

Mille kilomètres… qu'était-ce comparé aux milliers d'heures passées à se demander à quoi ressemblait cette famille outre-Méditerranée, s'ils pensaient à elle et à ses frères et sœurs, si elle pourrait, un jour, avoir une grand-mère à défaut d'avoir une mère…

Leilla avait profité des trois heures de route depuis l'aéroport pour assaillir son oncle Larbi de questions. Combien de cousins et de cousines avait-elle ? Combien de tontons, de tatas ? Elle avait terminé par celle qui lui brûlait les lèvres : est-ce que sa grand-mère maternelle était toujours en vie ? C'était le seul grand-parent qui lui restait et l'unique personne qui la reliait encore à sa mère… Larbi avait grimacé d'incertitude et le cœur de la jeune femme s'était serré. *« Je crois qu'elle est morte, mais je ne veux pas te dire de bêtises… Nous n'avons plus aucun contact avec la famille de ta mère. »* Leilla avait discrètement accusé le coup, essayant de ne pas penser à toutes ces fois où elle avait imaginé enlacer tendrement sa grand-mère, et reportant son attention sur tous ceux qui l'attendaient là-bas.

Arrivés dans la province de Tébessa, il y eut beaucoup d'embrassades, de cris de joie, et quantité de pleurs aussi. Toute la famille du côté de son père avait été prévenue de sa visite, et c'était à qui s'approcherait le plus de cette cousine française.

Alors que tout le monde était réuni, Leilla tenta de glaner des informations au sujet de sa grand-mère maternelle, mais tous secouèrent la tête négativement… hormis l'un de ses oncles qui fronça les sourcils en quittant la pièce.

Lorsqu'il revint en expliquant avoir parlé à un voisin qui pensait savoir où se trouvait sa grand-mère, la jeune femme se sentit défaillir. Après avoir écouté l'itinéraire à emprunter, elle partit avec Larbi, le cœur battant.

Ils roulèrent au pas durant un laps de temps assez court, s'engagèrent dans une avenue fraîchement goudronnée et stoppèrent la voiture devant un magasin de plomberie. Leilla s'efforça de maîtriser sa respiration, mais son rythme cardiaque s'affolait. Se pouvait-il que sa grand-mère vive ici ? Elle ne voulait pas s'enthousiasmer trop vite, il s'agissait peut-être d'un homonyme, d'une simple erreur de compréhension.

Larbi demanda aux enfants qui jouaient dans la rue s'ils connaissaient une dame d'environ quatre-vingt-cinq ans se prénommant Sakina, l'un d'eux tendit le doigt en direction d'une maison blanche bâtie à l'arrière de la boutique de plomberie. Son oncle s'avança alors vers le portail et sonna.

Un homme assez grand vint leur ouvrir. Leilla se présenta et sentit ses jambes fléchir sous son poids en entendant l'individu lui dire que Sakina habitait bien ici et qu'il n'était autre que son fils… Quand il ajouta que la vieille dame était partie boire le café chez une amie, elle crut que son cœur allait lâcher à force de faire l'ascenseur émotionnel.

Son tout nouvel oncle les fit entrer dans la maison où il habitait avec ses sœurs et leurs enfants, les invitant à patienter sur le canapé. Après ce qui lui parut être une éternité, Leilla discerna au bout du couloir une silhouette vêtue d'une longue jupe traînant presque par terre et d'un foulard blanc. La jeune femme se leva, mit un pied devant l'autre, très lentement, puis elle allongea le pas et finit par franchir les derniers mètres qui l'éloignaient de son passé à grandes enjambées.

Ses pieds ne touchaient plus le sol, elle volait vers ses origines, vers cette part d'elle-même qui était trop longtemps restée dans l'ombre. À peine eut-elle murmuré le prénom de sa grand-mère que les deux femmes tombèrent dans les bras l'une de l'autre en pleurant.

Entourée par la famille de sa mère, Leilla était sur un petit nuage, elle ne cessait d'embrasser Sakina, elle l'enlaçait, lui caressait les mains, effleurait son visage toutes les trente secondes pour être certaine de ne pas rêver. Après des années de séparation, après avoir imaginé cent fois cette scène sans trop y croire, Leilla voyait enfin ses prières exaucées.

Toute la soirée, petits et grands tentèrent de rattraper le temps perdu. Sakina expliqua comment son mari et elle avaient essayé de dissuader leur fille d'épouser celui qui deviendrait le père de Leilla, elle raconta la double peine d'avoir à enterrer son propre enfant et de se voir refuser la garde de ses petits-enfants. Elle évoqua aussi l'éloignement et la barrière de la langue qui les avaient toujours empêchés de contacter Leilla ou ses frères et sœurs.

Au moment de se quitter, Sakina embrassa une dernière fois sa petite-fille sur le front, elle la contempla de la tête aux pieds avec tendresse, puis retira l'une de ses bagues et la lui tendit.

« Tiens, Leilla... Ta mère m'a laissé cette bague avant de partir pour la France, en 1976, en me disant qu'elle ne reviendrait plus... Elle n'a pas de valeur, mais j'aimerais que tu la prennes... Tiens, avait-elle insisté, *je te la donne. »*

Une bague ? À cet instant précis, Leilla se souvint de ce que je lui avais dit avant qu'elle ne décolle pour Constantine. Prise dans un tourbillon affectif, elle avait totalement oublié cette histoire de bague... Et voilà que tout à coup, elle ressurgissait !

La jeune femme en resta bouche bée. Tout s'était passé comme je le lui avais annoncé, quasiment mot pour mot. Le voyage, les retrouvailles, le décès de son oncle Salah, la bague et même les phrases prononcées par sa grand-mère.

Elle était sidérée, estomaquée.

De retour chez elle, à Toulon, Leilla reprit ses activités de psychothérapeute, elle se rassit dans le même fauteuil, derrière le même bureau, écouta les mêmes désordres existentiels, exactement comme elle l'aurait fait une semaine plus tôt... si ce n'est que rien n'était plus pareil. Toute l'énergie qu'elle avait déployée au quotidien pour soigner les névroses de ses patients s'était envolée. Un matin, ne supportant plus l'environnement anxiogène dans lequel elle évoluait, Leilla annula tous ses rendez-vous et partit dévisser sa plaque professionnelle du mur de son cabinet. Terminé les thérapies cognitives et comportementales, fini les difficultés psychologiques des uns et des autres.

En renouant avec sa famille, Leilla avait trouvé la paix et allait tout faire pour conserver cette sérénité.

Un dénouement auquel je m'étais attendu, puisque le prénom de sa grand-mère, Sakina, pouvait se traduire par « paix divine ».

« Je voudrais pouvoir mettre mes souvenirs en flacon comme les parfums,
pour en prendre un peu quand j'en aurais envie. »

Rebecca – Alfred Hitchcock, 1940.

Si les poèmes, les contes ou les légendes sont le plus souvent le reflet de la vie, c'est parce qu'il existe une part de rêve et une part de vérité en chacun d'eux. Pour saisir cette étincelle de beauté, pour capturer cette magie, il faut savoir ouvrir ses yeux, mais aussi son cœur et son esprit.

L'histoire qui va suivre est celle d'un gamin sentimental et rêveur, promis à un destin sans pareil.

C'est la rencontre du sublime, de la féerie, des paillettes et de l'enchantement.

C'est l'épopée mystique d'un petit provincial ponctuée de sommets enivrants et d'abîmes dévastateurs.

C'est la jonction entre les étoiles du ciel et de la terre.

C'est mon histoire.

1

Le premier souvenir est confus. L'ai-je extrapolé ou déformé comme tout ce qui touche à l'enfance ? Je sais que c'était en 1963, que mes camarades de classe et moi étions en train de jouer aux billes dans la cour du collège Général-Ferrié de Draguignan, quand je fis allusion aux devoirs sur *Le Cid* qui venaient de nous être rendus.

À mon grand étonnement, mes amis ne semblèrent pas savoir de quoi je parlais. Alors, j'avais insisté, évoquant les moqueries de M. Lanfrey, notre professeur de français, et ma note tout juste passable. *« Mais si, rappelez-vous, le prof m'a donné ma copie en dernier... j'ai eu onze et vous avez tous rigolé ! »*

Ils persistèrent, malgré tout, à nier les faits. Selon eux, les évaluations sur l'œuvre de Corneille n'avaient pas encore été corrigées et rien de ce que je racontais n'était arrivé.

Leurs affirmations m'avaient stupéfié. Comment pouvaient-ils avoir oublié ?

J'avais tout d'abord cru à une plaisanterie, puis je m'étais mis à douter. Était-ce moi qui avais tout inventé ? S'agissait-il d'un rêve, ou plutôt d'un cauchemar, d'une hallucination ? Avais-je perdu la tête ? Pourtant, les moindres détails de cette humiliation étaient solidement ancrés dans ma mémoire. Comment pouvais-je m'en souvenir si cela n'avait jamais existé ?

Mes copains contredisant tous ma version des faits, je fus forcé de capituler. À l'âge où l'identité se construit essentiellement à travers le regard des autres, mieux valait ne pas être montré du doigt.

Pour sauver la mise et me sortir de ce mauvais pas, je prétendis les avoir menés en bateau. Ils se renfrognèrent, partirent en maugréant, moi, je fis mine de m'en amuser, attendant qu'ils aient le dos tourné pour foncer chez le surveillant général, prétexter un violent mal de ventre et téléphoner à ma mère en pleurnichant.

Je lui avais relaté l'incident d'une seule traite, sans respirer, en la suppliant de venir me chercher au plus vite. Pas question de passer la nuit ici, dans cet internat, avec des garçons qui allaient se payer ma tête et prendre un malin plaisir à m'asticoter.

À l'autre bout du fil, ma mère avait trouvé les mots pour me calmer et m'avait conseillé de faire profil bas. *« Surtout, ne t'inquiète pas, Jean. Je t'expliquerai tout de vive voix, mais dis-toi que tu n'es pas fou ! »*

Je m'étais donc efforcé de reprendre ma vie là où elle avait dérapé quelques heures plus tôt, en sommant mon cerveau d'arrêter de me jouer des tours.

Mais le retour à la normalité fut de courte durée, car tout ce que j'avais décrit se déroula le surlendemain, à la virgule près.

Dès que le cours de français débuta, M. Lanfrey annonça qu'il allait nous rendre nos devoirs sur *Le Cid*, puis il commença à distribuer les rédactions par ordre décroissant, de la note la plus haute à la note la plus basse, conformément à mon souvenir. Quand je le vis retirer ma composition du paquet pour la mettre de côté en me jetant un regard en biais, mon cœur s'emballa, mon estomac se contracta et de minuscules gouttes de sueur perlèrent sur mes tempes.

Durant un quart de seconde, j'entretins secrètement l'espoir de m'être trompé, d'avoir divagué. Cependant, la suite des événements me donna raison : après avoir égrené toutes les notes sauf la mienne, le professeur s'empara de mon devoir pour en lire un extrait à voix haute.

« Jean Testanière ? Je gardais votre œuvre pour la fin dans le but d'en faire profiter toute la classe. Ouvrez grand vos oreilles : "Chimène était enceinte et au bout de trois mois, elle donna naissance à un enfant !"

— ...

— *Cette phrase reflète à elle seule la médiocrité de votre devoir, monsieur Testanière. Incohérent et bâclé ! L'année 1963 est donc à marquer d'une pierre blanche pour la science, qui va se réjouir de cette spectaculaire avancée ! À l'heure qu'il est, je suis sûr que M. Corneille doit mourir une seconde fois, mais de rire, grâce à vous ! »*

La classe s'esclaffa et ma note tomba comme un couperet. Onze sur vingt.

La mise en scène théâtrale de M. Lanfrey, son cynisme et son air consterné, ma note… tout était exactement comme dans mon souvenir. Je n'avais donc pas rêvé… Mais que s'était-il donc passé ? Comment avais-je pu décrire si distinctement une situation qui ne s'était pas encore produite ?

Ces questions auraient mérité que je m'y attarde plus longuement, mais j'étais bien trop préoccupé par ce que les autres penseraient de moi. Tout le monde allait croire que j'avais manigancé ça avec le prof pour me faire remarquer. J'allais passer pour un traître ou pire, un affabulateur…

Cette nuit-là, les dortoirs du collège me parurent encore plus glacials et lugubres que d'ordinaire. La peur m'empêchait de trouver le sommeil. Peur de ne plus avoir d'amis, d'être puni pour un mensonge qui n'en était pas un. Car, au fond de moi, je savais que je n'avais rien inventé, que j'avais tout vu dans ma tête… sans comprendre comment ni pourquoi.

Blotti sous mes couvertures, je m'étais finalement endormi un peu avant l'aube, la main serrée sur les médailles religieuses que ma mère avait accrochées autour de mon cou pour conjurer les mauvais esprits.

Les jours suivants, j'avais tenté de faire bonne figure, mais le cœur n'y était pas. Mon petit numéro avait fait le tour du collège. Tous les élèves me lançaient des regards suspicieux, puis des surveillants et des professeurs me demandèrent pourquoi j'étais allé débiter de tels bobards. Plus j'essayais de me justifier, plus je m'embrouillais dans mes explications, tel un fou s'évertuant coûte que coûte à ne pas passer pour ce qu'il est, c'est-à-dire fou.

J'aurais voulu me cacher dans un trou de souris, revenir en arrière pour tout changer, ou disparaître sur-le-champ de cet endroit. Mais je dus attendre le vendredi soir pour pouvoir rentrer chez moi, à La Seyne-sur-Mer, et vider enfin mon sac.

À la maison, ma mère tâcha de dédramatiser la situation, s'ingéniant à me réconforter du mieux qu'elle put.

« Arrête de te faire du mouron, Jean, tout va finir par s'arranger... Ce don que tu as, de pouvoir deviner certaines choses, il ne faut pas en avoir peur. Tu n'es pas comme les autres garçons de ton âge, tu es différent... »

Pas comme les autres garçons de mon âge ? Ce n'était pas peu dire !

Je me suis toujours senti différent. Sensible, enjoué, sociable, bien élevé, mais souvent absent ou dans la lune. Un petit trublion partisan du moindre effort, si on en croyait mes professeurs, qui venait en classe uniquement pour être avec ses amis et pouvait passer toute une récréation à contempler un arbre.

« Jean est un enfant très singulier, madame Testanière. Il regarde par la fenêtre pendant le cours, semble ne pas écouter, pourtant, il est capable de ressortir ce que le professeur vient d'énoncer dès qu'on l'interroge. Il va de soi que nous nous penchons sur son cas, ne sachant s'il est paresseux ou simplement distrait... »

Avec un premier mari mortellement électrocuté lors de la Seconde Guerre mondiale et un second succombant à la pression patronale, Aline Testanière s'était retrouvée doublement veuve à seulement trente-quatre ans, avec deux enfants en bas âge plus une préadolescente, et avait, par la force des choses, appris à garder son sang-froid... et à se fier à son jugement.

À l'entendre, donc, les enfants ayant la mémoire courte, toute cette histoire serait oubliée dans moins d'une semaine…

« Tu ne dois pas tout prendre au pied de la lettre, Jean. Ce sont des ados de quinze ans, tout comme toi. Ils ne se rendent pas compte de ce qu'ils disent... »

Complaisante et aimable, ma mère voyait le monde à son image. Les fréquentes brimades et règlements de comptes des cours de récréation réfutaient, malheureusement, sa philosophie pour le moins utopique. Tous ceux qui s'écartaient de la norme subissaient des railleries. Les rondouillards se faisaient charrier, les bigleux, les grands dadais, ceux qui portaient des shorts aussi. Moi, par exemple, on m'avait classé dans la catégorie des « courts sur pattes », alors je ne voulais surtout pas être affublé d'une étiquette supplémentaire. Petit, soit ! Mais petit et menteur, non !

J'avais déjà eu toutes les peines du monde à ne pas me faire taxer de « pauvre petit orphelin » à la mort de mon père, quand j'avais six ans.

Aussi, à l'école, avais-je continué de le faire vivre dans mon imagination, prétendant qu'il était parti en voyage, racontant ses histoires d'huissier au grand cœur, l'indigence des familles à laquelle il était confronté, ses initiatives pour diminuer leur dette ou éviter une saisie.

Ma mère et mes deux sœurs ne m'avaient jamais empêché de falsifier la vérité, pensant que je comblais, à ma façon, le vide laissé par son absence. Mais qu'y avait-il de pire ? Le déni ou le silence ?

À la maison, le sujet était tabou. Personne n'en parlait, les causes de son décès étaient clôturées de non-dits, érigeant avec le temps une forteresse imprenable entre ce que je devais savoir et ne pas savoir. Seule la pénibilité de son métier avait été évoquée à demi-mot, un épuisement physique et mental, ce qui nous avait laissés perplexes, mes sœurs et moi. Notre père était-il mort de fatigue ? En ce temps-là, nous ignorions qu'il était possible de mourir d'une overdose de travail, d'un manque de reconnaissance, ou de frustration.

J'espérais donc ne pas avoir à réutiliser de tels artifices, ne pas être obligé de déformer la réalité pour me protéger…

Dieu merci, ma mère avait vu juste : la suspicion à mon égard retomba comme un soufflé, m'encourageant, par la même occasion, à me désintéresser de ce troublant épisode et à le ranger à côté de la case « papa », dans le tiroir des affaires non élucidées.

Mais le cauchemar recommença peu de temps après, avec d'autres phénomènes tout aussi incontrôlables et inopinés.

Je me mis à percevoir le caractère d'une personne rien qu'en observant son écriture ou en la croisant dans la rue, à deviner l'identité de l'interlocuteur qui nous appelait dès la première sonnerie du téléphone, ou à prédire une grossesse. Il m'arriva même d'annoncer à ma mère le décès d'une de ses amies vingt-quatre heures avant qu'elle ne perde la vie dans un accident de la route.

L'image de son visage tuméfié et de son corps désarticulé m'avait donné envie de vomir… Je me demandais pourquoi de telles informations me traversaient brusquement l'esprit. J'avais beau fermer les yeux en serrant fort les paupières, changer de position ou penser à autre chose, elles revenaient en permanence…

Et comment se faisait-il que ces pensées se concrétisent chaque fois… Chaque fois, c'était quand même dingue !

Je faisais toujours le lien après, constatant que tout s'était passé comme je l'avais si fugacement vu ou entendu dans ma tête. *Ça, je l'aurais parié, j'en aurais mis ma main à couper, je le savais déjà...*

C'était à n'y rien comprendre. Je n'étais pas l'auteur de ces pensées, je ne les maîtrisais même pas. Comme si on me les entrait de force dans le crâne ou qu'on me souffle toutes ces choses à l'oreille.

Ayant retenu la leçon, je me gardai d'en parler à quiconque hormis ma mère, qui se contentait de poser sur moi un regard se voulant rassurant.

Faute d'explications qui tiennent la route, et sans doute aussi pour me raccrocher à quelque chose de familier, je mis cette aptitude sur le compte de l'intuition, essayant de me convaincre que je devais simplement être quelqu'un de très perspicace, à l'instar du trio de femmes avec lequel je vivais.

Avec ses yeux de lynx et son flair de chien de chasse, ma mère sentait venir le danger de loin et nous mettait fréquemment en garde, à juste raison. Quant à mes sœurs, Marcelle et Mireille, elles se targuaient de pouvoir repérer les mauvais garçons à des kilomètres à la ronde.

S'agissait-il pour moi aussi d'un excès de discernement ? Était-ce un simple héritage génétique, une sorte de mimétisme ? Quoi que ce fût, je ne mis pas longtemps à m'apercevoir que cette faculté d'anticipation pouvait aussi, dans certains cas, me rendre de fiers services.

Jusqu'à présent, les seuls résultats scolaires dont je pouvais me vanter étaient redevables à ma sœur cadette, Mireille, sur laquelle je copiais impunément. Malgré ce subterfuge, mon niveau était si faible que je dus redoubler le CM1, la cinquième, et qu'il allait sûrement en être de même pour mon année de quatrième. Mais depuis peu, je trouvais les bonnes réponses aux interrogations écrites sans l'aide de personne, car je tombais systématiquement sur les chapitres que j'avais révisés.

Je devais donc arrêter de me torturer l'esprit avec ça et m'efforcer de voir le bon côté des choses, de *cette* chose.

Surtout que j'avais déjà bien assez de mes préoccupations d'adolescent. Outre le fait de vivre sans un père, je devais aussi gérer de gros problèmes de croissance.

À quinze ans, je n'étais toujours pas entré dans la puberté, et ce décalage avec les autres garçons me minait dix fois plus que ces soudaines illuminations !

Les collégiennes de l'établissement voisin émoustillaient tous mes sens, provoquant des ébullitions dans les diverses parties de mon anatomie. Mais alors que certains de mes camarades enchaînaient les rendez-vous galants, les filles me cantonnaient dans le rôle du bon copain ou du petit frère, réduisant mon statut à celui de confident idéal, de conseiller hors pair.

Les plus cyniques se moquaient de moi, arguant qu'aucune demoiselle ne voudrait sortir avec un nabot dans mon genre… Quoi de pire pour un jeune en pleine construction identitaire ?

Moi, tout ce que je voulais, c'était pouvoir me fondre dans la masse, être comme tout le monde, chahuter avec les collégiennes et ne songer qu'au moment présent. Au lieu de cela, je ne me sentais à l'aise nulle part, ni dans mon corps ni dans ma tête. Pour les filles, j'étais trop imberbe, pour les copains trop p'tit, pour les autres trop original ou bizarre.

Et cela durait depuis des mois…

D'un naturel optimiste, j'avais tendance à croire que tout pouvait s'arranger. Mais à un moment donné, le désintérêt persistant des filles ajouté à l'incommodité d'avoir à jouer les Madame Soleil, le tout combiné au manque grandissant de mon père, commença à éroder ma joie de vivre, créant des microfissures invisibles à l'œil nu, tel un mur en béton soumis aux incessants embruns marins, qui s'effrite et se craquelle à divers endroits.

Même les petites satisfactions scolaires ne me remontaient plus le moral.

Si au moins j'avais eu un frère ou un cousin suffisamment proche à qui confier mes tourments… En l'absence de référent masculin à mes côtés, je n'eus d'autre choix que d'intérioriser mes émotions, de les empiler les unes sur les autres dans une boîte imaginaire en prenant soin de toujours bien rabattre le couvercle.

Jusqu'au jour où il n'y eut plus de place pour les stocker, où la boîte fut pleine à craquer.

Conscient de mon anormalité à tous points de vue, je finis par me replier sur moi-même et par sombrer dans la morosité, pour ne pas dire la déprime. Alors, tout ce que j'avais refoulé déborda sous forme d'intarissables crises de larmes.

Soucieuse de me voir dans cet état, ma mère m'emmena consulter un médecin généraliste, qui la rassura sur ma santé mentale. Puis elle prit rendez-vous avec un endocrinologue au nom annonciateur de changement, sinon de mouvement, et le diagnostic de ce dernier fut sans surprise : je souffrais d'un retard pubertaire… Un euphémisme, compte tenu des vingt centimètres qui me différenciaient de ma sœur cadette !

D'après le spécialiste, l'insuffisance staturale était à l'origine de tous mes maux (l'expression « se sentir mal dans sa peau » prenait ici tout son sens).

En traitant cette pathologie, mes états d'âme étaient donc censés s'améliorer par effet domino.

Sur le papier, l'équation était simple : 1/ grandir ; 2/ entrer dans la puberté ; 3/ sortir avec des filles ; 4/ aller mieux.

Restait à savoir si ma croissance était terminée ou si elle se poursuivrait. Mon futur dépendait de cette seule et unique inconnue : l'allongement de ma colonne vertébrale. Pour y répondre, le professeur Vague allait devoir pratiquer un examen clinique permettant d'évaluer l'état de maturation de mon squelette. Cela consistait à passer une série de radios de la main, du poignet ou du coude, et à comparer les clichés ou les scores obtenus à des courbes de référence.

La veille de mon admission à l'hôpital, j'étais extrêmement fébrile. Impossible de trouver le sommeil. Trop de craintes, d'incertitudes… J'aurais tellement aimé pouvoir accélérer le temps, connaître déjà les conclusions du test, qui s'avéreraient déterminantes pour mon avenir.

Eh bien ! C'était le moment ou jamais d'utiliser mes superpouvoirs, de m'installer confortablement sur le canapé, d'appuyer sur le bouton de cette télécommande magique et d'assister à ce qui ne devait théoriquement arriver que le lendemain.

Mais j'eus beau mobiliser tous mes neurones, stimuler ma concentration, rien n'y fit. L'écran demeura désespérément noir, le son coupé. Ce qui s'était produit avant le cours de français ne se réitéra pas, me condamnant au flou total, au vide, au néant.

Mon intuition et ma perspicacité m'ayant fait faux bond, je me retrouvai seul avec mes angoisses, à égrener les heures au milieu d'une nuit tourmentée qui n'en finissait pas.

Dans les moments de doute, mes parents me conseillaient de m'ouvrir au ciel. Eux s'en remettaient souvent à Dieu, s'inspirant des Saintes Écritures dans la vie de tous les jours. Tolérance, humilité, respect et solidarité constituaient le socle moral d'Aline et Julien Testanière. De sorte que mes sœurs et moi avions très tôt baigné dans la religion catholique. Nous étions naturellement tous les trois inscrits au catéchisme et nous avions reçu les principaux sacrements – baptême, première communion et confirmation. Cette croyance était si présente au sein de notre famille que j'ai longtemps pensé la partager avec le reste de l'humanité, imaginant trouver des chapelets et des statuettes de la Vierge Marie dans chaque foyer !

Comme tout ce que disait ma mère était parole d'Évangile, je me suis adressé au ciel cette nuit-là, lui faisant part de mon infortune à travers toute une liste de questions – est-ce que le test allait bien se passer, est-ce que ça allait être long, est-ce que ça allait faire mal ? –, dont une particulièrement obsédante : pourquoi étais-je si différent des autres gamins ? Cette nouvelle épreuve ne faisait que confirmer mon ressenti. On m'avait privé d'un père et voilà qu'on empêchait mon squelette de se développer ! Le mauvais sort semblait s'acharner sur moi. Qu'avais-je donc fait pour mériter ça ?

Ma bile se déversa une bonne partie de la nuit sans discontinuer, entraînant dans son sillage mes idées les plus sombres, vidant mon être de sa force vitale, me laissant amorphe et vulnérable.

Jusqu'à ce que je sente une forme de résistance à l'intérieur de mon corps.

Un courant contraire se forma, une onde vibratoire venue d'on ne sait où répandit une énergie bienfaisante, revigorante, de la pointe de mes pieds au sommet de ma tête.

Par un curieux principe de conversion des masses, elle changea toutes mes charges négatives en charges positives, balayant mes doutes les uns après les autres et domptant mon impatience.

Puis une voix douce et claire résonna dans le silence de la nuit : *« Ne t'inquiète pas, Jean, ça va bien se passer. »*

Je m'étais redressé d'un bond en jetant des regards autour de moi. Avais-je rêvé ? Est-ce que je m'étais assoupi sans m'en rendre compte ? J'étais pourtant certain d'avoir entendu une femme, ou peut-être un homme, me parler dans l'oreille gauche… Était-ce l'une de mes sœurs, ou bien ma mère ?… Non ! J'aurais reconnu leur voix…

Mais alors… Non, ce n'était pas possible… Se pouvait-il que cela soit mon père ? Qu'il arrive à communiquer de là où il se trouvait ?… Comme s'il n'était pas vraiment mort, comme s'il était là, dans l'air, tout près de moi ?… Non, je déraillais. Le stress et la fatigue me faisaient divaguer… Par acquit de conscience, je me dis que je devrais quand même interroger ma mère le lendemain matin, pour savoir ce qu'elle en pensait…

En attendant, ma peur avait entièrement disparu. Pssshh… Volatilisée, évaporée, comme l'air s'échappe d'un ballon qui se dégonfle. Je me sentis plus léger et serein, délesté d'un poids.

Libéré de toute contrariété et confiant dans l'avenir, je m'écroulai sur le lit et dormis à poings fermés.

Cette bouffée d'optimisme se confirma les jours suivants avec le résultat d'analyse de mon âge osseux qui se révéla positif. En d'autres termes, mon cartilage n'était pas encore soudé, par conséquent, il demeurait évolutif ! La mystérieuse voix avait donc dit vrai, tout s'était bien passé… Même si je n'étais plus tout à fait sûr de ce que j'avais entendu (ou croyais avoir entendu) cette nuit-là…

Si l'on extrapolait les conclusions de la méthodologie « Greulich et Pyle », qui avait été appliquée à mon poignet gauche, une moustache digne de Georges Brassens ou Clark Gable ornerait d'ici peu mon visage glabre, ma taille adulte serait définitivement acquise sous trois ans… et tout ce qui devait croître suivrait, pour mon plus grand bonheur.

Cette annonce équivalait à un séisme de magnitude neuf sur l'échelle de Richter ! C'était le début d'une nouvelle ère. Fini les piques désobligeantes sur mon mètre quarante et des poussières, terminé les relations platoniques. J'allais devenir un homme tout ce qu'il y a de plus normal. Nor-mal. L'adjectif me ravissait, j'aspirais de tout mon être à cette normalité.

Pour atteindre l'objectif escompté, des infirmières vinrent chaque semaine chez moi m'administrer des hormones de croissance sur une période de douze mois. La fin de ma quinzième et la première moitié de ma seizième année resteront donc à jamais marquées par ces injections hebdomadaires qui me meurtrissaient les cuisses, mais dont la douleur était occultée par une volonté de fer.

Parallèlement au traitement, l'endocrinologue évoqua l'hypothèse d'un blocage psychologique comme cause probable de ma puberté tardive. Il faut dire que je cochais presque toutes les cases. *« Mode d'attachement anxieux face à la menace d'abandon, souffrance traumatique induite par la perte d'un être cher, comportement désorganisé ou agité... »* et autres subtilités du jargon médical auxquelles je ne pipais mot.

Étant le premier concerné par ces symptômes barbares, j'avais bravé ma timidité et demandé des éclaircissements.

« Est-ce que le fait de continuer à parler de mon père au présent, d'avoir été tenu éloigné de sa mort, de ne pas avoir pu assister à son enterrement ou de sentir que l'on ne me dit pas toute la vérité à son sujet peut engendrer des blocages ?

— En plein dans le mille ! » m'avait répondu le doc.

Mises bout à bout, ces blessures entraient sans conteste dans la catégorie des chocs émotionnels. Il apparaissait qu'à trop vouloir m'épargner, ma mère avait, à l'inverse, déclenché une psychose persistante, puisqu'à l'âge de quinze ans, soit neuf ans après les obsèques de mon père, je cherchais toujours à en savoir un peu plus sur les circonstances de sa mort. À l'image de toutes ces fois où j'avais tendu l'oreille pendant qu'elle s'entretenait seul à seul avec le professeur Vague, afin de glaner ne serait-ce que quelques bribes des révélations qui me faisaient tant défaut.

Ce traumatisme psychologique, au même titre que toutes les expériences négatives vécues durant les premières années de vie, n'était donc pas près de s'atténuer…

En attendant, je tentais de rattraper la taille de ma sœur en comblant les talons de mes chaussures avec du papier journal pour gagner quelques centimètres et en auscultant minutieusement mon corps tous les matins pour y déceler les signes avant-coureurs de ma virilité.

2

Un an après avoir été raillé par le professeur de français et être devenu la risée du collège, la vie avait repris le dessus.

Les prédictions qui me traversaient l'esprit ne s'étaient toujours pas dissipées, loin de là. Elles étaient même beaucoup plus régulières et plus précises. Les sentiments de déjà-vu s'étaient multipliés, j'avais en permanence un temps d'avance sur tout, anticipant les événements, les pressentant, avec l'impression constante de voir la vie sous un nouveau jour.

Paradoxalement, cela me dérangeait de moins en moins. Les perceptions n'étaient plus aussi intrusives ni brutales, je ne m'étonnais même plus de les voir constamment se réaliser ! Il n'y avait plus cet « effet coup de poing » qui m'avait sonné au tout début. On aurait dit que la greffe prenait, que mon organisme ne réagissait plus de manière agressive face à ce corps étranger.

Je commençais même à me faire une raison, à me dire que j'étais peut-être né ainsi, avec le gène de la voyance, comme d'autres viennent au monde en sachant jouer la

Sonate au clair de lune de Beethoven sans avoir pris un seul cours de piano.

Soit. Si c'était dans ma nature, il ne servait donc à rien de résister ou de vouloir supprimer ce gène si particulier.

Dit comme ça, ça paraissait simple, mais en pratique, ce fut irréalisable, car certaines de ces prévisions demeuraient inévitablement embarrassantes et sujettes à polémique, surtout lorsqu'elles avaient lieu dans l'enceinte du collège. *« Comment peux-tu savoir cela, Jean ? Si tu dis ça, c'est que tu es le chouchou du prof, c'est que tu as triché, que tu mens... »*

Pour en finir avec ces insupportables accusations diffamatoires, mon instinct de survie prit les choses en main, m'intimant de dissocier une fois pour toutes mes personnalités, de les cloisonner, de mener, en quelque sorte, une double vie, avec, d'un côté, le Jean-comme-tout-le-monde et, de l'autre, le Jean-visionnaire.

Pour ne pas éveiller les soupçons à l'extérieur de la maison, il fut établi que je ne devais plus montrer que la partie émergée de l'iceberg. Celle d'un futile adolescent étourdi et indécis, qui invoquait de simples coïncidences pour répondre à la curiosité des indiscrets. *« Je ne sais pas... Je l'ai supposé... J'ai eu de la chance... »*

Chaque matin, je quittais ma chambre à l'internat de Draguignan en y laissant une part de moi-même, et passais la journée à vérifier qu'elle ne ressurgisse pas. Comme un pan de chemise qui ressortirait d'un pantalon et qu'il faudrait sans cesse remettre à l'intérieur.

Ce clivage psychologique, des plus éprouvants et contraignants, prenait heureusement fin dès l'instant où je franchissais la porte de chez moi.

Une fois seul avec ma mère, à l'abri des regards, je pouvais enfin redevenir moi-même et jouer les pronostiqueurs en toute confiance, sans avoir à m'inquiéter des possibles répercussions.

Un lâcher-prise vital et libérateur que ma mère se débrouillait même pour rendre ludique quand elle invitait ses amies proches à tester mes récentes prouesses. Chacune arrivait avec une photo, qu'elle me présentait à tour de rôle. Je n'avais alors qu'à leur faire part de ce que je voyais. *« Ce monsieur-là, c'est quelqu'un de bien... Celui-ci, tu devrais t'en méfier... Cette jeune femme trompe son mari... Cet homme-là va bientôt divorcer... Lui souffre d'une maladie grave... »* Toutes riaient, approuvaient d'un hochement de tête, écarquillaient les yeux en posant la main sur leur poitrine, bouche ouverte, respiration coupée.

Dans ces moments-là, et uniquement ceux-là, je n'avais pas honte d'être ce que j'étais.

Ma mère ne mit jamais ma sincérité en doute. Il est évident qu'elle avait compris la nature de ces phénomènes irrationnels bien avant tout le monde. Elle me recommandait de ne pas en avoir peur, de les considérer comme un cadeau du ciel, une bénédiction.

C'est ce que le Jean-visionnaire réussit progressivement à faire, laissant ce virus de souche inconnue se propager à l'intérieur de son organisme, sans opposer la moindre résistance.

Les prémices d'une théorie métaphysique m'effleuraient doucement l'esprit, mais j'étais encore bien trop jeune pour les analyser. Une seule et unique question me taraudait : pourquoi moi ?

Cette clairvoyance ne suffit toutefois pas à me parachuter en tête de classe. Le collège Général-Ferrié de Draguignan s'étant prononcé en faveur d'un redoublement, je choisis de repiquer ma classe de quatrième dans un établissement secondaire proche de chez moi.

Cela ferait donc cinq ! Cinq collèges en quatre ans... Une instabilité qui se perpétua durant toute ma scolarité chaotique, démantelant pierre par pierre mes tentatives de progression et m'enfermant dans une inexorable spirale d'échecs.

Le seul bon souvenir que je garde de tous ces longs couloirs vitrés, de ces salles de classe surpeuplées, de la cacophonie des cours de récréation se rattache au collège La Chesneraie, lors de mon année de 6e, en 1960.

Niché au cœur de la campagne aixoise, cette école privée sous tutelle diocésaine proposait une pédagogie qui était tout sauf conventionnelle, avec des classes à effectif réduit adaptées au rythme et aux besoins des élèves. L'institution avait pour ambition de mettre en valeur le potentiel de chacun et de renforcer les liens de fraternité entre pensionnaires.

L'esprit d'équipe primait sur les compétences, la notation était clémente et les devoirs peu nombreux. Mais sous couvert d'un enseignement novateur, il y régnait un laxisme généralisé et un foutoir permanent.

L'ambiance décontractée et familiale m'avait tout de suite plu. Même la liturgie m'enthousiasmait... c'est dire ! Messe à jeun dès six heures, célébrations et retraites spirituelles, je m'étais volontiers plié à cette discipline monacale... je l'avoue, plus par solidarité que par ferveur religieuse, trop heureux de retrouver mes amis Ferrat, Vavasseur-Desperriers et Colomb de Daunant à la chapelle, malgré l'heure matinale, le froid et la faim qui nous tiraillaient.

J'aurais aimé rester à La Chesneraie, mais les notes étant proportionnelles au travail fourni (minime, en l'occurrence), ma mère s'était insurgée contre le laisser-aller ambiant et le non-respect du programme scolaire. Résultat, j'avais à nouveau dû changer d'école.

En septembre 1964, je fis mon entrée au collège Beaussier de La Seyne-sur-Mer.

Nouveau bahut, nouveaux amis, nouveau départ ?

Il y avait d'ores et déjà un point positif non négligeable à ce changement : l'établissement étant implanté dans ma commune, je n'étais plus obligé d'aller à l'internat et pouvais dormir chaque soir dans mon lit !

Dans le même temps, la « potion magique » du fringant docteur Vague commençait à produire ses effets (suprême récompense pour avoir enduré toutes ces atroces piqûres !), le fin duvet brun clair coiffant ma lèvre supérieure et l'élargissement de ma carrure l'attestaient.

Je voulais plaire et sentais que j'en étais enfin capable.

Pour me conformer aux standards de beauté de l'époque, je renforçais ma ressemblance avec Sacha Distel en adoptant sa coupe de cheveux et sa tenue vestimentaire de gendre idéal.

De jour en jour, je pris de l'assurance et développai mon capital séduction, quittant le monde de l'enfance pour rejoindre une terre promise où se conjuguaient mes deux nouvelles passions : la musique et les filles. Je tombais facilement sous le charme des petites brunettes et me prenais tour à tour pour Elvis, Dutronc ou Delpech selon que je me sentais rebelle, minet ou poète. S'il m'arrivait de rencontrer une supernana sur une chanson de Sylvie Vartan, c'était le coup de foudre assuré ! Je me rappelle avoir eu le béguin pour Françoise en entendant « siffler le train », m'être entiché de Viviane dès les premières notes de *Love Me Tender* et avoir échangé un langoureux baiser avec Michelle, dont le prénom très *frenchie* allait inspirer le plus dandy des groupes anglais de tous les temps.

Être amoureux, flirter, témoigner des marques d'affection, écrire des lettres enflammées aussi poétiques que celles de Cyrano à Roxane… L'homme qui sommeillait en moi était un séducteur attentionné, et, j'ose l'avouer, un brin fleur bleue. Il va sans dire que mes petites amies me voyaient unanimement comme un garçon galant, tendre et prévenant… Malgré tout, ça ne les empêchait pas de me trouver spécial.

Quels que soient les aspects agréables de ma personnalité, mon étrangeté finissait immanquablement par transparaître et par nuire à ma relation… à mon grand désespoir.

Contre toute attente, c'est du côté du collège Beaussier qu'arrivèrent les bonnes nouvelles.

Les redoublements successifs s'associèrent à mes capacités divinatoires pour devenir des atouts, et cette combinaison me permit de retourner la situation à mon avantage. J'obtenais la moyenne aux évaluations sans fournir aucun effort supplémentaire, j'allais de plein gré au tableau pour résoudre un exercice et je levais même la main pour participer. Une petite révolution ! Les professeurs qui auraient, il y a peu, rêvé de me faire porter un bonnet d'âne encensaient à présent mes progrès. À leurs yeux, j'étais la preuve vivante de la réussite par le travail… alors que je vouais un culte au dieu de la Paresse !

Conjointement à cette embellie, tout le monde s'accordait à dire que j'étais un sacré veinard (ne pas réviser une évaluation et apprendre le matin même qu'elle n'aurait pas lieu parce que le professeur était absent – un exemple parmi d'autres pouvant justifier l'utilisation d'un tel qualificatif). Ma cote de popularité grimpa en flèche par effet boule de neige et je devins pour la première fois de toute ma scolarité le gars en vogue, celui avec qui il fallait à tout prix s'afficher. Les autres élèves se disputaient pour s'asseoir à mes côtés en classe, allant jusqu'à toucher ma tête ou mon bras pour se porter chance, comme on le fait avec un talisman.

Avec le plus grand sérieux du monde, ma mère prétendait que c'était à cause de la crépine. Vrai ou faux ?

Tout ce que je savais, c'était que j'étais sorti de son ventre emmailloté dans le sac amniotique…

Dans la majorité des accouchements, la poche des eaux se fissure avant ou pendant l'expulsion du bébé, mais pour une naissance sur 80 000, cette enveloppe demeure intacte. Je faisais partie de ces bambins nés « en chemise », avec le « bonnet de la chance » ou « le voile de la Vierge ».

« Cet enfant aura de la chance, avait prédit ma grand-mère Judith. *Il est né coiffé ! »*

La croyance populaire voulait que la présence d'une crépine soit de bon présage, elle augurait un destin hors norme, une chance inouïe.

Ma mère croyait-elle à cette légende de coiffe miraculeuse au point de penser que je lui devais mes perceptions extrasensorielles ?

Cette interprétation me laissait dubitatif. Était-ce le fait d'être venu au monde avec un fragment de membrane fœtale sur le crâne qui me permettait de trouver certaines réponses sans jamais ouvrir un bouquin ? Cette pellicule, dite « amnios », m'avait-elle insufflé un élan d'espoir la veille de mon examen radiologique avec le professeur Vague ? J'en doutais…

Quelque chose de plus grandiose et complexe devait forcément se tramer derrière tout ça.

N'étant pas dépourvu d'imagination, je n'arrêtais pas d'échafauder des hypothèses toutes plus improbables les unes que les autres. Le lundi, j'étais le fils caché du grand Houdini, le mercredi, j'avais peur d'avoir contracté une maladie orpheline, le vendredi, j'en étais à me demander si j'avais le pouvoir de lire dans les pensées ou si je ne venais pas d'une autre planète… Toutes ces suppositions farfelues furent examinées à la loupe, passées au crible, disséquées, sans résultat. Rien ni personne n'était susceptible de m'expliquer comment et pourquoi mon intuition était en pleine expansion, ni d'où me venaient tous ces flashs.

Mes sœurs, elles, se posaient moins de questions, prenant tout ce qui m'arrivait avec légèreté et utilisant mes « facultés » pour se faciliter la vie : *« Jean, penses-tu qu'il y aura une interrogation surprise en histoire demain ? Jean, ce garçon va-t-il m'inviter à sortir ? »*

À elles deux, ma mère disait de laisser leur frère tranquille ; à moi, de ne pas m'en faire ni d'en avoir honte, de ne surtout pas chercher d'explication rationnelle.

Ma mère avait une manière bien à elle de me rassurer, qui n'était pas sans rappeler la formule sacrée des mantras : *« Avec moi, il ne peut rien t'arriver. Avec moi, il ne peut rien t'arriver. Avec moi, il ne peut rien t'arriver... »*

C'est exactement ce que je pensais : tant qu'elle serait à mes côtés, j'étais en sécurité.

Cet instinct de protection me poussa à ne toujours rien révéler à mon entourage amical, d'autant que ce don se développait chaque jour un peu plus. J'anticipais, je précédais le déroulement de mes journées aussi clairement que si je m'étais penché au-dessus d'une eau d'une limpidité à en voir le fond. Nul besoin de me concentrer ou d'entrer en transe, il me suffisait d'envisager la scène pour que les détails défilent dans ma tête.

J'en faisais même un jeu, me mettant au défi de prédire l'évolution de ma relation avec telle ou telle fille, ou le sujet du prochain contrôle de maths. Un jeu auquel je gagnais chaque fois.

Après avoir atteint bon an mal an la classe de première technologique en 1968 à Marie-Curie, je perdis toute motivation à poursuivre mes études. La seule matière qui m'intéressait et dans laquelle j'espérais encore m'améliorer avait trait aux filles. Désormais, ma vie entière gravitait autour de l'amour, je cherchais l'âme sœur partout, sans relâche, passant des heures à lorgner tous ces ravissants minois, leur disant de jolis mots, les faisant rire.

C'est dans ces moments extraordinaires que je me sentais devenir un homme ordinaire.

Quand je ne fus plus légalement tenu d'aller en cours, j'en fis part à ma mère, qui consentit à m'extraire du système scolaire (la majorité civile étant fixée à vingt et un ans, je ne pouvais agir sans son accord).

Ouf !

Exit la corvée des devoirs, les réprimandes des professeurs et les cours soporifiques !

Je me retrouvai sur le marché du travail en 68, l'année de mes vingt ans, sans trop savoir ce que je voulais entreprendre. Après avoir vivoté un temps de petits boulots en emplois saisonniers, je m'orientai finalement vers le métier d'animateur, lequel n'était pas conditionné par l'obtention du baccalauréat. À l'issue de la formation, on me proposa immédiatement un camp de vacances à Bellecombe, dans l'Isère, et l'essai fut si concluant, pour eux comme pour moi, que je décidai de rempiler dans la foulée, alternant entre Le Touvet, Bellecombe et Saint-Jean-de-Crots.

Ces premières interventions dans le milieu de la jeunesse sonnèrent comme une évidence. La vie en communauté, le grand air, les échanges, le partage… tous les ingrédients étaient réunis pour que je me sente dans mon élément.

Néanmoins, je compris assez vite que mon champ d'action ne devait pas se limiter à l'encadrement et à l'animation. Les jeux de mimes et les balades en forêt, c'était très distrayant, mais je voulais m'investir davantage, passer plus de temps avec les enfants, je souhaitais pouvoir répondre à leurs questions, qui étaient aussi les miennes à cet âge, leur transmettre un savoir, des connaissances… Toutes ces tâches ressemblaient à s'y méprendre à celles exercées par un enseignant… Est-ce dont j'avais envie ? Leur faire l'école ? J'eus moi-même du mal à en convenir…

Faire l'école… Comment une idée si saugrenue avait-elle pu germer dans mon esprit, alors que l'évocation de ce mot suffisait à me donner des boutons ! Une idée d'autant plus paradoxale que le supplice des leçons à apprendre par cœur était toujours aussi vivace. Les bien-pensants l'auraient même qualifiée d'insensée. Qu'un ancien mauvais élève se plaignant de l'autoritarisme des profs, présentant des difficultés de mémorisation et des troubles de la concentration, veuille devenir instituteur… c'était le comble !

Pourtant, je n'avais jamais été aussi sûr de moi. Je devais enseigner ! Qu'importe le temps que ça prendrait et les efforts à fournir, je sus qu'un jour, j'y parviendrais !

Cette résolution aurait très bien pu avoir des airs de revanche, mais elle se voulait plus réparatrice que rancunière. J'y vis un bon moyen de transformer la souffrance de mes années collège et lycée en une expérience constructive... de la résilience avant l'heure.

L'avenir s'annonçait sous les meilleurs auspices. La casquette d'animateur m'allait comme un gant, j'avais un projet de vie (même s'il n'avait pas encore dépassé le stade de ma pensée) et la chance continuait de me sourire, sous la forme de petits riens qui agrémentaient mon quotidien d'une touche de fantaisie. Un bonheur simple, tangible, semblable à l'atmosphère dépeinte dans *Le Déjeuner des canotiers* de Renoir. L'insouciance des dimanches dans une guinguette en bord de Seine, la convivialité, les repas festifs, les promenades en barque. Une joie de vivre authentique.

Stimulées par ce nouvel environnement, mes capacités visionnaires montèrent encore d'un cran. Je devinais les vies passées, présentes et à venir des têtes blondes et brunes dont je m'occupais, avec force détails, cernant la personnalité de tous ceux qui m'approchaient, sans jamais me tromper.

Si le flux d'informations foisonnant dans ma tête pouvait encore être, de temps à autre, générateur de stress, la vérité qui en émanait et les bienfaits procurés se chargèrent d'éradiquer jusqu'aux dernières de mes craintes.

Toutes ces images me donnaient l'impression d'être guidé. *Influencé* serait le mot juste, mais en douceur, sans coercition... et j'y prenais goût !

Une légende, tout au moins un embryon d'explication, n'aurait pas été de refus pour accompagner certaines de ces pensées dont le sens m'échappait encore. Celles livrées à l'état brut, sans manuel d'utilisation. Alors, à défaut de pouvoir toutes les exploiter, je les regardais passer les unes à la suite des autres, comme un film que l'on m'aurait projeté sans que je puisse détourner les yeux.

Ces visions (des plus plaisantes aux plus obscures) faisaient maintenant partie intégrante de ma vie, même si leur précision me surprenait encore parfois. À l'exemple de cette soirée chez mon amie Yolande :

« Yolande, tu sais qui est l'auteur de ce tableau ? » avais-je demandé à brûle-pourpoint.

Elle avait tourné la tête vers la mare d'eau stagnante et le pont en arc qui figuraient sur la toile accrochée au mur de son salon.

« Non, je ne sais pas, Jean. Il est dans la famille depuis belle lurette. Cadeau d'héritage de ma grand-mère, je crois.

— Il y a quelque chose derrière.

— C'est-à-dire ? m'avait questionné Yolande.

— Une photo, il y a une photo derrière le paysage. »

Mon amie avait plissé les yeux d'incrédulité, puis s'était levée pour aller vérifier.

« Il s'agit d'un homme, avais-je ajouté, *il est mort il y a longtemps. »*

Aidée par un des garçons présents ce soir-là, Yolande avait décroché le cadre et l'avait tourné face contre terre, pour découvrir, au verso, une plaque cartonnée. À ma demande, elle avait démonté la partie arrière, mettant au jour un cliché en noir et blanc, entre la toile et l'ossature en bois. Elle m'avait fixé durant une poignée de secondes, médusée, et avait reposé son regard sur la photographie argentique.

« Il me semble reconnaître l'oncle Roger, avait-elle déclaré. *C'était le frère de ma grand-mère, un cheminot. Il est décédé dans un accident ferroviaire. Un déraillement ou une défaillance des signaux... je ne sais plus. »*

L'intermède avait épaté notre petite assemblée, qui s'était crue victime d'un coup monté, sans se douter qu'elle était très loin du compte...

Le dernier camp des vacances d'été touchant à sa fin, j'effectuai une courte mission de surveillance dans un internat près de Menton, avant de rejoindre mon oncle maternel Joseph en janvier 1969, qui m'avait obtenu un poste au centre d'essais militaires de l'île du Levant.

Installé au sud-est de Hyères, le Centre d'essais de la Méditerranée était chargé de tester des armes pour la Direction générale de l'armement. La base disposait également de terrains d'entraînement pour les forces françaises et étrangères de l'armée de terre, de la marine nationale et de l'armée de l'air.

On m'avait donc engagé sur les recommandations de mon oncle Jo, lui-même chef d'équipe sur l'île voisine de Port-Cros, pour filmer les lancements des missiles sol-air ou antinavire, notamment l'Exocet. Les jours suivants, j'appris à manipuler et à interpréter les données d'un cinéthéodolite, à positionner des galettes de pellicule trente-cinq millimètres, mettre en chauffe des caméras Askania et Contraves, suivre les projectiles et développer les films.

Ces attributions me satisfaisaient, je m'impliquais même consciencieusement pour que mon oncle se félicite d'avoir appuyé ma candidature. Mais, en réalité, l'insularité et l'esprit militaire m'oppressèrent assez rapidement. Le confinement sur l'île du lundi au vendredi, la promiscuité, l'environnement exclusivement masculin, la rigueur et la discipline, je ne laissais rien paraître, mais tout m'exaspérait.

Les semaines et les mois passant, mon mal-être ne fit qu'empirer. Hormis une ou deux personnes, j'avais peu d'affinités avec mes collègues, civils ou militaires, que je trouvais pour la plupart rasoir, ballots et dénués d'intérêt. Je voyais aussi que ma singularité, pourtant inavouée, presque étouffée, leur sautait aux yeux et les incommodait.

Cette acuité mentale, qui pouvait se montrer opportune dans mes conquêtes féminines en me permettant d'évaluer la compatibilité avec ma future partenaire, me desservait dans l'immédiat, en me marginalisant. Gradés, opérateurs, agents d'entretien, techniciens, tous me regardaient comme une bête curieuse, un extraterrestre.

Les désagréments du passé revinrent en force. De nouveau, j'étais la brebis galeuse du groupe, le type sympa mais un peu dérangé, que l'on préfère éviter.

Pour ne rien arranger, le piston dont j'avais bénéficié ne mit pas longtemps à faire le tour du site, ce qui me valut d'être courtisé par certains gars (le clan des hypocrites) et méprisé par d'autres (le clan des envieux).

De ce fait, j'allais fréquemment m'isoler dans l'espace nuit qui m'était réservé ou dans la chambre noire, face aux bains révélateurs et aux bacs de fixation. Mais, loin de m'apaiser, la pénombre me faisait perdre tous mes repères.

La dernière crise d'angoisse dont j'avais souffert remontait à plus de cinq ans, la veille de mon examen osseux avec le professeur Vague. Depuis, tout semblait être rentré dans l'ordre… du moins, en apparence. Mais l'atmosphère viciée ne tarda pas à raviver ma vulnérabilité psychologique. Je remis en cause ma déscolarisation, m'interrogeai sur le bien-fondé de ma présence au centre d'essais de Hyères, sur la valeur de mes prophéties. Étais-je à ma place au milieu de toute cette testostérone débordante ? À quoi me servait d'avoir du flair, un bon ou un mauvais feeling ?

Les neuf kilomètres carrés de l'île m'apparaissaient de plus en plus menaçants et inhospitaliers, me faisant regretter la fantaisie et la légèreté des centres de loisirs.

Mes seuls vrais moments de détente n'avaient d'ailleurs lieu qu'au mois d'août, pendant mes congés, lorsque je renouais avec les feux de camp et les adolescents turbulents.

Une bouffée d'oxygène qui s'épuisait à peine rentré à la base… Combien de temps allais-je encore pouvoir tenir à ce rythme ?

Ce n'était pas avec les quelques cours pris par correspondance au CNED que j'allais pouvoir passer mon bac de sitôt et partir d'ici pour enseigner ! Il faudrait donc s'armer de patience…

Chez l'espèce animale, la période de mue varie selon l'âge, les changements de saisons ou les conditions climatiques. La peau se renouvelle, poils et plumes tombent. Apparaît alors une nouvelle membrane ou un nouveau pelage, plus dense, plus brillant et mieux adapté aux températures extérieures.

Pour survivre à cet environnement hostile, mon corps allait, lui aussi, devoir se métamorphoser. Les différentes couches de mon épiderme allaient se détacher une à une. De cette régénération ne resterait que l'enveloppe primaire, l'essence de mon être.

3

Cela prit cinq longues et douloureuses années.

Après cinq printemps, cinq étés, cinq automnes et cinq hivers à essayer de passer inaperçu, à me tenir à l'écart, à simuler la normalité, un soir de mars 1974, à bout de nerfs, je craquai.

Dès la fin de ma journée de travail au poste Titan, je partis sur le sentier du littoral sans but précis, jusqu'à parvenir à la grande coupole blanche abritant les caméras. Après, c'était le vide. Je ne pouvais aller plus loin. Le chemin se terminait là, sur ce bout de terre aux reflets dorés, entre les pins d'Alep et les arbousiers. Je me penchai, regardai en bas. Un pas de plus, peut-être deux, et je finissais aplati comme une crêpe bretonne dix mètres en dessous…

Je reculai avec précaution et m'assis sur une pierre, les genoux flageolants, le regard dans le vide.

En matière de souffrance morale aussi, j'étais arrivé au bout du chemin. J'avais atteint les limites du supportable. Garder tout pour soi, afficher un sourire de façade, être sans cesse tiraillé entre le Jean-comme-tout-le-monde et le Jean-visionnaire, ça ne pouvait plus durer !

Le bruit relaxant du ressac monta jusqu'à moi. J'écoutai plus attentivement, essayant de repérer le moment exact où les vagues venaient se briser contre les parois rocheuses avant de former un courant contraire vers large. Au bout de quelques minutes, je pus suivre mentalement le mouvement des ondulations marines.

Environ toutes les sept secondes, une vague arrivait, s'élevait, se cassait en moutonnant. Arrivait, s'élevait, se cassait, arrivait, s'élevait, se cassait… Tel était le cycle de vie des vagues, la finalité de leur existence.

Je pressai fort mes mains sur mon assise de fortune pour me redresser. Cette manière brutale d'affronter son destin, de donner un sens au temps passé sur cette terre, cela valait aussi pour moi ! C'en était assez d'aller de mal en pis, de chercher des explications tirées par les cheveux, de vivre à moitié… Je devais réagir, et sans attendre !

Debout face à l'immensité de la mer, avec pour unique compagnie les sons de la nature et le scintillement des étoiles, je verbalisai ce qui encombrait mon cœur depuis tant d'années. La lourdeur des prédictions, l'obsessionnelle quête de vérité concernant la mort de mon père, l'ambiance délétère à l'intérieur de la base et l'issue connue d'avance de mes rencontres amoureuses. Je clamai aussi ma peur du lendemain et mon égarement, l'usure d'avoir à refouler certaines facettes de ma personnalité.

Quel était mon vrai visage ? Était-ce le jeune homme doté de visions prémonitoires, le soupirant enflammé, l'organisateur dynamique des clubs de vacances ou le cameraman du Levant ? Aucun de ces costumes n'était à ma taille et il me semblait devoir en abandonner certains pour être en mesure d'en endosser d'autres.

Toutes les injustices, les déceptions, tous les complexes trop longtemps intériorisés jaillirent dans un long cri guttural qui alla se fracasser contre les arêtes coupantes des falaises.

Arrivait, s'élevait, se cassait…

J'étais essoufflé, vidé, en nage comme après avoir piqué un sprint sur trois cents mètres. Tandis que ma respiration se stabilisait et que mes muscles se décrispaient progressivement, je sentis une présence à mes côtés.

C'était quelque chose d'indéfinissable, ni tout à fait réel, ni tout à fait imaginaire, aussi invisible et léger qu'un déplacement d'air. Je fermai les paupières, les rouvris, mais n'aperçus personne. Pourtant, j'étais quasiment certain de ne pas être seul.

C'est alors que je captai ces paroles : *« Jean, sois patient et tu recevras. »*

Cette voix ferme et engageante, c'était celle que j'avais entendue la veille de mon examen médical avec le professeur Vague… Mais bon sang, d'où provenait-elle ? Existait-elle vraiment ou était-ce uniquement dans ma tête ?

Sois patient et tu recevras…

À cet instant précis, il y eut comme un déclic. Les principales étapes de ma vie défilèrent en filigrane dans mon esprit, du point de départ – ma naissance – à la ligne d'arrivée, celle que nous franchirons tous un jour ou l'autre. Je saisis enfin d'où je venais et où je devais aller.

L'itinéraire était simple, rectiligne, dépourvu d'obstacles. Le brouillard dans lequel j'avais navigué à vue jusqu'ici s'était dissipé, ne subsistaient que le calme et la sérénité.

Les zones d'ombre de mon enfance se clarifièrent à leur tour. L'intuition, les prédictions, le sentiment d'exclusion, les certitudes de ma mère à propos de mes facultés, le facteur chance… en un éclair, tout s'expliquait. Mon sixième sens ne résultait pas d'une prétendue coiffe miraculeuse, il émanait d'une force suprême et magistrale. Une force qui échappait à l'entendement, allant au-delà de tout ce que j'aurais pu imaginer.

Et il n'y avait aucun doute sur sa provenance : quelque part, là-haut dans le ciel, quelqu'un ou quelque chose d'un autre monde me transmettait des messages.

Le sol se déroba sous mes pieds. Je tanguai, ou bien était-ce le panorama qui tournoyait à trois cent soixante degrés, tant et si bien qu'il me fallut prendre appui sur le promontoire rocheux pour ne pas chuter tout en bas.

Ce que je vivais était d'une puissance jamais égalée ! Je me trouvai tout à coup propulsé au pied d'une gigantesque chaîne de montagnes aux versants escarpés, à la fois fascinante et terrifiante, avec des points culminants vertigineux et des crevasses béantes… Et moi, si minuscule devant ce mastodonte de pierre.

Étais-je suffisamment équipé pour mener à bien cette ascension ?

Tout cela me dépassait et suscitait mille questions. Pourquoi le ciel m'avait-il choisi, qu'attendait-il de moi ? Les attributs qu'il m'avait affectés allaient-ils évoluer et si oui, dans quelle mesure ? Comment les gérer à seulement vingt-six ans ? Mes épaules seraient-elles assez solides ?

Autant d'hésitations m'étourdissaient, mon corps ployait sous la masse d'informations à intégrer et sous les conséquences qui en découleraient.

Ce qui s'était passé il y a plus de dix ans, avant le cours de français puis la nuit précédant ma consultation avec le docteur Vague, revêtit une autre dimension. La vision annonciatrice de la scène du *Cid*, la main invisible venue se poser sur mon épaule pour me tranquilliser et l'insistante injonction de ce jour étaient, selon toute vraisemblance, l'expression de mes liens avec l'au-delà.

Je réalisai soudain la portée de ce qui était en moi. Vouloir me débarrasser de ma personnalité – si encombrante soit-elle – reviendrait donc à me couper de cette connexion surréaliste... Après ce que j'avais découvert, c'était tout simplement impensable ! Non, non et non ! Si hier encore, je l'avais ardemment souhaité, ce point venait d'être rayé de l'ordre du jour !

À présent, je savais, je comprenais le message. C'était clair et sans équivoque : je devais accepter cette abracadabrante identité psychique, sans crainte ni appréhension, je devais arrêter de me voiler la face et admettre que j'étais capable d'entendre, de ressentir et percevoir le monde des esprits !

Je pris alors une décision cruciale, celle de ne plus jamais réprimer mes pulsions divinatoires, seul moyen de faire la paix avec moi-même. Ce faisant, je serais contraint de renoncer aux imprévus, au hasard, à l'inattendu, aux surprises... à tout ce qui fait le piment de la vie. J'allais aussi devoir m'exposer publiquement... Mais le jeu en valait la chandelle. Le sacrifice était même petit, comparé à ce que l'on m'offrait.

« C'est d'accord, avais-je hurlé à pleins poumons en levant les yeux au ciel, *j'accepte ! »*

En réalité, je faisais plus qu'accepter, je m'engageais à propager cette lumière divine, à la faire rayonner sans jamais rien exiger en retour, sans vouloir en faire mon métier ni la monnayer. Telle serait dorénavant ma raison d'être !

Il me parut évident de ne pas garder cet inestimable cadeau pour moi seul et d'en faire profiter un maximum de personnes. Cette lumière-là ne pouvait être enfermée dans un bocal que j'aurais caché dans un coin de ma chambre pour l'admirer en secret, elle devait voyager, inonder le monde.

De la même manière qu'un accouchement se fait le plus souvent dans la douleur et dans les cris, pousser ce hurlement d'acceptation fut pour moi une véritable délivrance.

Je savais d'ores et déjà que les visions ne se limiteraient pas à un banal don de voyance ou de médiumnité, elles prendraient de l'ampleur et deviendraient fondamentales. J'allais donc devoir m'y accoutumer... Mais était-il réellement possible de vivre au quotidien avec ce supplément d'âme ?

Au vu des mésaventures dont j'avais été victime avec mes camarades de classe, au regard de mes échecs sentimentaux et du rejet de mes collègues au Levant, cette cohabitation entre le moi ordinaire et le moi extraordinaire risquait de ne pas être de tout repos !

Or, ma préoccupation numéro un demeurait la même : je souhaitais pouvoir mener une existence normale, avoir un travail, une famille, des amis, autrement dit vivre, aimer et être aimé comme n'importe quel être humain... Était-ce réalisable dans ces conditions ?

Si incroyable que cela puisse paraître, je sentis que l'on me rassurait à ce sujet, que je n'aurais pas à m'en soucier, et cette promesse d'une vie normale finit par me convaincre d'avoir pris la bonne décision.

Soit ! Je partais donc pour cette grande aventure l'esprit serein !

Je pense ne jamais avoir manifesté de scepticisme vis-à-vis de l'existence d'une puissance supérieure, les croyances et les usages de la religion chrétienne m'avaient trop bien préparé à cette réalité immatérielle. C'est beaucoup plus tard que je me mis à porter un jugement analytique sur l'ensemble des doctrines religieuses.

Mais de là à conclure, un jour, un pacte avec l'Éternel… J'étais à des années-lumière de l'envisager !

À force de me contenir, de me renfermer sur moi-même, j'avais bridé mon imagination et presque failli oublier ce que le renard avait confié au petit prince après lui avoir dit adieu : « On ne voit bien qu'avec le cœur. L'essentiel est invisible pour les yeux. »

À partir de là, j'abordai chaque journée avec un œil neuf.

Les visions, les voix, n'étaient plus synonymes de souffrance ou de questionnement, mais de privilège. Je les accueillais à bras ouverts, comme une vieille amie, sans être toutefois prêt à dévoiler d'un seul coup ma vraie nature au monde entier. *Chi va piano, va sano…*

Quand j'entrevoyais un fragment du futur, soit j'en touchais directement un mot à la personne concernée, soit j'usais de mille artifices pour le lui révéler sans être démasqué ! Tout dépendait de ses croyances, de son ouverture d'esprit.

Dans le même temps, j'étais toujours déterminé à enseigner. Cette idée fixe trottait en boucle dans ma tête avec la régularité d'un métronome, sa rythmique lancinante me rappelant l'ostinato du *Boléro* de Ravel. Croche-triolet, croche-triolet, croche-croche / croche-triolet, croche-triolet, triolet-triolet…

Pour ce faire, j'allais devoir me lâcher des deux mains. Quitter mon job au Levant, qui, sans être la plus épanouissante des occupations, me garantissait un bon niveau de vie, puis reprendre très sérieusement mes études. Un défi de taille, compte tenu de mes laborieux antécédents scolaires, un pari risqué, limite kamikaze. Mais là encore, le destin me sourit et me rendit la tâche plus facile à travers les personnes qu'il mit sur ma route.

Jean-François fait partie de ces rayons de soleil qui ont illuminé ma vie au moment où j'en avais le plus besoin. Nous nous étions rencontrés en 1971 à Toulon, lors d'un stage de développement photographique sur la base militaire Commandant-Nicolas. Au plus fort de la tempête, quand tout le monde me tournait le dos. Trois ans avant la révélation, la grâce et le consentement, avant cette nuit décisive et enchanteresse sur l'île du Levant, où tout avait basculé.

Jeff était tout ce que je n'étais pas. Décontracté, gaillard, impulsif. Mais le jour et la nuit ayant besoin l'un de l'autre pour exister, nous nous sommes inévitablement accordés. D'autant qu'un domaine nous réunissait, et non des moindres : l'art de la drague. Aussi, lorsque Jean-François vint me rejoindre en 1972 au poste Titan sur l'île du Levant, nous formâmes une sacrée paire de jolis cœurs !

En septembre 1974, je m'inscrivis pour la quatrième fois au baccalauréat en candidat libre. Jeff parlant couramment l'anglais, il s'était proposé de m'aider à améliorer mon accent, pendant que je prenais des cours de mathématiques et de philosophie avec M. Dolci, un prof à la retraite plein de peps.

Réfractaire aux nouvelles technologies et à tout mode de déplacement autre que pédestre, cet ancien enseignant aux cheveux clairsemés, toujours vieux garçon, portait un tee-shirt à manches courtes été comme hiver et parcourait les quelque six kilomètres entre Toulon et La Seyne-sur-Mer chaque samedi à pied, pour me donner des cours particuliers de remise à niveau (bien plus efficaces que les cours par correspondance du CNED !).

M. Dolci dut revenir sur les notions de base, géométrie, calcul, algèbre, probabilités, statistiques, mais ses efforts furent vite récompensés. Je fis des progrès d'une semaine sur l'autre et finis par acquérir la fameuse logique arithmétique… Preuve que rien n'est irrémédiable !

Et eurêka, cette quatrième fois fut la bonne ! À vingt-sept ans, après avoir consacré d'innombrables soirées et des week-ends entiers à réviser, j'étais enfin reçu bachelier ès lettres avec dix-neuf sur vingt en mathématiques, quinze en français, dix-huit en histoire et onze en philo. Un exploit, étant donné mon parcours atypique et les faibles 67 % de réussite enregistrés en 1975.

De nouvelles perspectives s'offraient à moi, les lumières des grandes villes m'attiraient tel un papillon de nuit autour d'un réverbère, et le petit provincial que j'étais voulut se laisser tenter par l'inconnu.

Fort de mon expérience dans le domaine de l'animation socioculturelle et de mon admission au baccalauréat, je proposai mes services dans différentes inspections académiques de France métropolitaine en tant que professeur suppléant. Pour avoir entendu ma sœur Mireille vanter les étendues verdoyantes et le calme de Viry-Châtillon, qu'elle avait eu l'occasion de découvrir dans le cadre de ses compétitions d'athlétisme, mon choix s'arrêta sur une petite commune francilienne environnante du nom d'Ollainville, à moins d'une heure de la capitale. Bye-bye, l'île du Levant ! À moi, le monde ! Paris et ses Grands Boulevards, ses monuments historiques, ses terrasses de café animées, ses cinémas d'art et d'essai, et ses cabarets olé olé !

En mars 1976, soit huit ans après avoir délaissé les cours de récréation, je quittais le département du Var pour celui de l'Essonne, en direction de l'École nationale de perfectionnement d'Ollainville. Une appellation très emphatique qui servait, en réalité, à désigner des classes ouvertes aux enfants dits « arriérés », « débiles mentaux » ou « anormaux », tels qu'on les qualifiait de manière très péjorative à l'époque. Une terminologie avilissante qui disparaîtra au fil des années avec l'amélioration des connaissances sur le handicap.

L'établissement recevait des mineurs intellectuellement déficients, de treize à dix-sept ans, qui avaient été placés en foyer ou en famille d'accueil. Les journées étaient denses et sportives. En plus de leur faire la classe et d'organiser des ateliers musique, vidéo ou judo, il fallait sans cesse les recadrer et leur servir d'assistante sociale. Un nombre incalculable d'éducateurs baissaient les bras, exténués, de sorte que le directeur m'avait engagé pour pallier les multiples absences et congés maladie.

Je logeais sur place, comme la plupart des autres intervenants, dans une habitation collective à deux pas d'un antique château en briques rouges et au toit ardoisé. Construite en 1853, cette ancienne demeure bourgeoise style néo-Louis XIII avait été rachetée par l'Éducation nationale après la Seconde Guerre mondiale, avant d'être réhabilitée en salles de cours. Nos chambrettes individuelles faisaient pâle figure à côté de cette imposante bâtisse. Mais l'austérité du bâtiment-dortoir était largement compensée par la végétation luxuriante du parc et l'immense étang bordé de roseaux, au sein duquel rossignols et hérons cendrés avaient élu domicile. Un lieu exceptionnel que je m'empressai de décrire à ma mère, tant par l'ambiance chaleureuse que par la bonne humeur et l'affabilité de mes collègues.

Quelle aubaine d'avoir été embauché ici pour faire mes premiers pas dans l'enseignement !

La chance y était sûrement pour quelque chose, mais elle ne devait pas être seule responsable de cette situation. Les « fées » qui s'étaient penchées sur mon berceau avaient, elles aussi, dû continuer à m'accorder leurs bonnes grâces.

Quelques jours après ma prise de fonctions, je mis fortuitement à profit mes compétences techniques de photographe acquises au Levant, en réparant la caméra vidéo d'une éducatrice. C'était un modèle portatif du type super-8 de Kodak, à manche revolver, avec un format de film permettant d'obtenir des images plus larges et de qualité. Un petit bijou de technologie qui n'aurait bientôt plus aucun secret pour moi, une fois démonté !

Pour me remercier, ma collègue m'invita à déjeuner. Nous sympathisâmes et, le jour suivant, je me retrouvai à donner un coup de main à l'une de ses amies en plein déménagement.

En pénétrant dans l'appartement à vider, je fus tout de suite ébloui par le projecteur à croix de Malte qui trônait dans le hall d'entrée. Inventé à la fin du XIXe siècle par Jules Carpentier, un ingénieur français ayant collaboré avec les frères Lumière, l'appareil avait révolutionné le monde du cinéma.

Mais ce n'était pas la seule particularité des lieux. Les volumes se voulaient grands, le mobilier épuré était étonnamment contemporain et avant-gardiste pour l'époque, la décoration, principalement axée autour du thème de la musique, me laissa carrément sans voix.

À coup sûr, le loft d'un réalisateur, d'un metteur en scène ou d'un grand chanteur…

La musique a toujours tenu une place de choix dans mon cœur. Je n'aurais d'ailleurs pu concevoir la vie sans une mélodie à fredonner, une ballade entraînante ou un rock endiablé.

Une histoire de famille…

D'aussi loin que je me souvienne, un fond sonore musical résonnait en permanence dans notre maison. Et il y en avait pour tous les goûts ! Des refrains sortant à tue-tête des enceintes d'un électrophone ou d'un transistor, qui se rattachent, des années plus tard, à des souvenirs bien précis. L'indémodable *Aujourd'hui peut-être*, que mon père entonnait avec malice lorsque maman lui demandait de bien vouloir changer une ampoule ou réparer une étagère brinquebalante, l'indéfectible engouement de ma sœur Marcelle pour *L'Idole des jeunes*, Mireille et son très pop *When* des frères Kalin Twins, le *Itsi bitsi petit bikini* sur lequel nous nous déhanchions tous en rythme, ou, en faisant un petit saut dans le temps, l'ambiance latino de ma mère avec *Manuela*.

Moi, j'étais fan de *Salut les copains* sur Europe 1. Dès l'émission terminée, je choisissais un 45 tours dans ma collection de vinyles, j'enfilais un des costumes de mon paternel (bien trop grand pour moi) et m'improvisais chanteur à succès, mimant les crooners avec ma brosse à cheveux devant le miroir de la salle de bains. « Ô la belle vie / Sans amours / Sans soucis / Sans problèmes. »

Quand on replonge dans son passé, on se rend compte qu'à chaque tranche de vie correspondent des paroles et une musique, comme si chaque existence pouvait se raconter en chansons.

Tout à mon rôle de déménageur, je n'osai demander l'identité du propriétaire et laissai libre cours à mes fantasmes, attribuant le synthétiseur à Jean-Michel Jarre, la guitare à Johnny et le piano à Véronique Sanson. Aussi, lorsque André Torrent entra dans le salon, je n'en fus aucunement troublé.

Torrent était un animateur populaire des ondes FM dans les années 1970, il commentait le hit-parade et avait lancé le jeu de la valise RTL. Sa présence ici n'avait donc rien de surprenant.

Pourtant, tout à coup, un spasme me souleva le cœur et la tête me tourna.

La réaction n'avait pas été déclenchée par cette arrivée, mais par la réminiscence d'un rêve datant de quelques mois, juste avant mon départ pour la région parisienne. Un rêve où je me trouvais en compagnie de ce présentateur radio renommé… Un rêve qui n'en était plus un, puisqu'il prenait forme sous mes yeux…

Son caractère prémonitoire m'interpella. Il m'avait été jusqu'alors possible d'entrevoir des signes annonciateurs, mais jamais en songe ! C'était impressionnant, d'autant que le scénario ne s'était pas restreint à André Torrent. Si je me fiais à mon sommeil paradoxal, j'allais également nouer des liens avec un chanteur célèbre…

Mais les mois passèrent sans qu'aucune vedette du music-hall croise mon chemin.

J'avais eu le temps de prendre mes marques à l'École nationale de perfectionnement d'Ollainville. Les adolescents qui y séjournaient pouvaient se montrer agités, agressifs ou réfractaires à l'autorité. Il revenait à nous, professeurs titulaires ou suppléants, de savoir quand les recadrer et quand les encourager.

Tous ces gamins présentaient un profil qui n'était pas très différent du mien au même âge et je me retrouvais en eux. Retard scolaire, contexte familial problématique, indiscipline, exclusions répétitives. Je souhaitais leur donner la chance que je n'avais pas eue, celle d'être stimulé, valorisé.

Pour les réconcilier avec l'école, je fis abstraction des apprentissages conventionnels, et mis en place une pédagogie fondée sur la pratique, l'observation et la réflexion. Un « tâtonnement expérimental », initié en 1943 par Célestin Freinet (dont un collègue m'avait parlé), qui fonctionna à merveille.

L'ex-moniteur de colonies de vacances avait bien évolué depuis sa toute première affectation à Bellecombe. Passé les balbutiements et le trac de la rentrée, j'étais désormais certain d'être sur la bonne voie. La contribution que j'apportais, si minime soit-elle, m'épanouissait, le contact avec les enfants me passionnait chaque jour davantage.

Je partageais, en cela, les convictions du penseur suisse Johann Heinrich Pestalozzi, qui avait misé sur l'instruction pour faire reculer la misère et la délinquance. Connu pour avoir voulu appliquer les idées novatrices de l'*Émile* de Rousseau, Pestalozzi voua sa vie aux enfants pauvres et bouscula les codes de la pédagogie scolaire. Ses méthodes d'éducation reposant sur une approche globale considéraient l'enfant dans ses trois dimensions : le penser, le vouloir et le pouvoir. « Apprendre avec la tête, avec le cœur et avec les mains. »

Parce qu'un être doué d'une intelligence est bien plus que la somme des organes qui le constituent.

Voilà bientôt un an que j'étais parti du Levant. En déposant des arrêts de travail de « complaisance », mes collègues éducateurs avaient permis de proroger ma mission par intérim, mais mon statut de remplaçant ne pouvait durer éternellement. Pour prétendre à un poste fixe, je devais décrocher un certificat d'aptitude pédagogique, diplôme ouvert à toute personne comptabilisant un nombre suffisant de suppléances.

En février 1977, je passai l'examen, mais ne l'obtins pas. L'année suivante, la deuxième tentative se solda par un cuisant échec, finissant de me démoraliser. Comment allais-je faire ? Je désirais plus que tout prolonger mes fonctions à Ollainville, mais sans cette qualification, aucune titularisation n'était envisageable.

Or, on ne pouvait se présenter au CAP qu'un nombre limité de fois... C'était donc l'une des dernières occasions de transformer cet essai...

J'étais dans un cul-de-sac. J'avais beau retourner sur mes pas, chercher une autre issue, je ne faisais que me cogner aux murs sans réussir à trouver la sortie.

Pourquoi le ciel me laissait-il dans cette panade ? Et pourquoi n'avais-je aucun ressenti sur ce qui allait ou non se passer ? Je pouvais lire l'avenir de parfaits inconnus, mais je ne voyais absolument rien me concernant... C'était rageant !

Il ne m'en fallut pas plus pour faire ressurgir mes doutes et me décontenancer. Est-ce que je m'étais leurré sur mes possibilités ? Avais-je fait le bon choix en abandonnant mon poste de cameraman au centre d'essais militaires du Levant ?

En proie à un profond désespoir, je sollicitai les astres, comme j'en avais pris l'habitude depuis *la révélation.* Jamais, auparavant, je n'avais demandé quoi que ce soit pour moi, mais mon abattement était tel que je ne voyais pas d'autre solution.

« Pourrai-je, un jour, exercer à titre permanent ? » L'oracle qui me fut rendu tint en un chiffre énigmatique, lequel aggrava ma confusion : 2.

2 ? Pourquoi ce « 2 » ? Était-ce parce que j'avais déjà échoué *deux* fois, parce que rien ne se ferait avant *deux* ans, parce que… ? Il y avait tellement d'hypothèses incluant ce « 2 » que je ne pouvais savoir laquelle était la bonne…

Il me fallut attendre six mois avant d'en saisir la pleine signification. En septembre, j'appris que l'Éducation nationale entamait une réforme visant à assouplir les conditions d'accès à l'examen d'entrée à l'école normale primaire (chargée de former les futurs instituteurs et institutrices). En pratique, les candidats âgés de trente ans maximum au 1er janvier 1978 (je ne les avais fêtés qu'en juillet) et justifiant au minimum de quatre-vingt-dix jours d'expérience dans l'enseignement (je les avais) seraient dorénavant autorisés à participer au concours interne des écoles normales primaires.

Jusqu'en 1977, seuls deux types de cursus menaient au métier d'instituteur, dont un plus respectable que l'autre.

Selon la voie dite « royale », les futurs élèves maîtres suivaient une formation professionnelle sur deux ans en école normale primaire, avant de pouvoir faire la classe. L'autre option avait des allures de séance de rattrapage. Les stagiaires, vacataires ou auxiliaires de longue durée – c'était mon cas – étaient recrutés sur diplôme (bac ou brevet d'État) sans passer par la case « école normale primaire ». Ils devaient alors parfois patienter de nombreuses années avant d'obtenir leur fameux certificat d'aptitude pédagogique et être ainsi titularisés.

Avec cette nouvelle réforme, l'école normale ouvrait son concours aux externes, une première qui m'arrangeait au plus haut point !

C'était donc ça ! « 2 » pour les deux échecs que j'avais subis avant cette nouvelle chance qui m'était offerte…

Les voix du ciel étaient incontestablement bienveillantes à mon égard !

Mon parcours professionnel et mon âge répondant aux nouveaux critères, je choisis de me présenter au concours à Toulouse, où l'école normale des jeunes filles était dirigée par l'une de mes anciennes profs de français et celle des garçons par son mari. Non pour bénéficier d'un éventuel passe-droit, mais parce que leur présence me sécurisait.

Quand bien même, je ne voulus rien laisser au hasard, bossant d'arrache-pied pour préparer l'écrit, qui porterait sur un thème dont je n'avais, pour l'heure, aucune notion pratique, puisqu'il s'agissait de l'enseignement général (sous-entendu destiné aux élèves non déficients).

Je me rendis à Toulouse la veille de l'examen, fin prêt, certain que tout allait marcher comme sur des roulettes. Mais ce qui s'annonçait comme une promenade de santé vira subitement au drame lorsque le couple de directeurs dut se faire remplacer au pied levé en raison du décès d'un proche parent.

Ce départ précipité réduisit le peu de confiance en moi à peau de chagrin. Je me retrouvai sans soutien moral, désemparé, persuadé que mes chances de réussite s'étaient considérablement amoindries.

Mes démons intérieurs n'étant jamais très loin, ils profitèrent de cette défaillance pour revenir m'assaillir.

Ce changement de dernière minute avait-il pour but de me faire tout abandonner ? Était-ce un avertissement que l'on m'avait envoyé ? Dans ce cas, quelle était donc la véritable signification du chiffre 2 qui m'avait été soufflé ? J'en avais initialement déduit une solution de secours, un itinéraire bis pour me conduire au métier de professeur des écoles… À croire que je m'étais complètement fourvoyé.

Tandis que je songeais à rentrer chez moi, déstabilisé par cet imprévu, les forces célestes se firent à nouveau entendre.

Je vagabondais le long de la Garonne en ruminant mes déboires lorsqu'une voix féminine, pleine de douceur et d'entrain, perça le silence : *« Ne t'en fais pas, Jean, tu l'auras ! »*

Accoudé au garde-corps d'un pont à béquilles, j'avais tourné sur moi-même afin de scruter les alentours, en sachant tout au fond de moi qu'il n'y avait personne d'autre.

Même voix lointaine que sur l'île du Levant, même atmosphère électrique, même force de persuasion.

J'inspirai plusieurs fois profondément par le nez pour emplir mon corps de cette vibration positive.

Après chaque respiration, je sentis mes peurs s'évanouir les unes après les autres, comme ces files interminables de dominos qui chutent en série, pour laisser place à une pleine et entière certitude. J'allais réussir ce concours, il n'y avait plus aucun doute là-dessus ! J'appelai ma mère d'une cabine téléphonique pour le lui dire et ne pris même pas la peine de réviser une dernière fois mes fiches, passant le temps qu'il me restait avant le début de l'épreuve à feuilleter la presse, les quotidiens d'information, sans oublier les hebdomadaires sportifs. On était en octobre 1978, Brel venait de mourir, l'ayatollah Khomeyni était toujours en France, où il avait trouvé refuge, et de la fumée blanche s'était échappée du toit de la chapelle Sixtine en l'honneur du nouveau pape Jean-Paul II. Bref, j'avais de quoi lire !

Le jour J, dans cette vieille salle de classe, je noircis des pages et des pages comme si j'avais été sous la dictée d'un autre, fournissant des réponses que je ne pensais pas connaître et résolvant des équations jusqu'alors inextricables. Je n'eus pas à attendre l'annonce officielle des résultats pour savoir que j'étais admis à l'école normale de la Ville rose.

Cette victoire effaça à elle seule les précédents échecs et m'incita à me représenter au CAP à Ollainville (j'avais promis au directeur que je reviendrais enseigner là-bas), qui se déroula à l'identique. Une fois de plus, je fus piloté par une force invisible et décisionnaire. *« Détaille les étapes de ton raisonnement... Utilise le dénombrement... »*

Au bonheur d'entendre cette voix s'ajouta, pour la toute première fois, la surprise d'être corrigé presque maternellement lorsque je me trompais. *« Tst, tst, tst... Tire des traits... Reprends la calligraphie... »*

Le ciel n'avait donc pas terminé de me livrer ses secrets...

Après la théorie, place à la pratique. Je n'oublierai jamais le nom de l'inspecteur qui évalua mes compétences en fin de stage. Ancien instituteur en classes élémentaires et cofondateur des « Maisons de l'Orée », un lieu d'accueil pour les personnes souffrant d'autisme, André Nouaille milita toute sa vie pour l'intégration des enfants handicapés. Ce grand défenseur des droits infantiles ne put qu'approuver mon projet professionnel au sein du centre de perfectionnement d'Ollainville et valida mon certificat d'aptitude.

4

Après moult péripéties, les portes de l'enseignement s'ouvraient enfin à moi ! Je montai alors plus au nord, vers Suresnes, pour m'orienter vers le secteur de l'enseignement spécialisé.

Alors qu'à l'école j'avais du mal à lire plus de deux pages d'affilée, j'allais être obligé, au cours de la formation délivrée au Centre national d'études pour l'enfance inadaptée (CNEFEI, aujourd'hui INSHEA), d'avaler des pavés sur la pédagogie infantile, le handicap ou la prise en charge d'élèves présentant des besoins éducatifs particuliers. Suivre des yeux la kyrielle de petits caractères noirs pendant des heures me demandait un effort de concentration intense. C'était, sans exagération, un long calvaire ! Je résolus le problème en parcourant tous ces ouvrages en diagonale, pour ne retenir que l'essentiel : les observations de Jean Piaget au sujet de l'intelligence évolutive des enfants, les réflexions de René Zazzo sur la construction identitaire, Tony Lainé et ses centres pour jeunes psychotiques, Donald Winnicott et son analyse des liens mère-enfant.

Des lectures triées sur le volet, des textes de référence dont je ne cesserai de m'imprégner durant toute ma carrière d'enseignant.

Si ces années étudiantes furent propices à la diversité littéraire, elles le furent aussi d'un point de vue sentimental. J'enchaînais les relations amoureuses dans l'espoir de trouver la femme qui me correspondrait, celle qui saurait saisir ma main pour me faire redescendre de mes sommets éternels et me ramener sur la terre ferme.

Les débuts étaient toujours prometteurs. C'était le grand frisson, la découverte de l'autre, l'explosion du désir. Si vous m'aviez vu ! J'étais tout feu tout flamme, projetant sur du long terme, parlant à la première personne du pluriel… Nous par-ci, nous par-là… Malheureusement, la magie retombait assez vite… Au bout de quelques semaines, au maximum quelques mois pour les plus endurantes, les jeunes femmes en venaient toujours à me reprocher ma distraction et mon manque d'implication.

J'étais ici sans être là, proche physiquement mais insaisissable, inaccessible. Quelle que soit mon affection à leur égard, mes habituelles rêveries finissaient systématiquement par me porter tort.

Comment leur en vouloir ? Je n'étais jamais présent à cent pour cent.

D'un côté, il y avait la femme que je chérissais, de l'autre le ciel. Je penchais tantôt vers l'une, tantôt vers l'autre, comme ces jouets à bascule en bois, qui vacillent de gauche à droite sans jamais se renverser totalement, reprenant leur position initiale d'équilibre au bout d'un certain temps. Je rejoignais moi aussi toujours mon point d'ancrage qui, à la différence du culbuto, se situait à des milliers de kilomètres de la surface de la terre, beaucoup trop loin de l'être aimé.

Cette histoire qui se répétait encore et encore m'avait déjà coûté mon plus grand amour, lequel répondait au doux prénom d'Annie (Annie, ou « la grâce » en hébreu).

Nous nous étions croisés une première fois l'été de mes vingt-cinq ans dans l'une de ces discothèques à ciel ouvert très branchées dans les années 70, et elle m'avait aussitôt tapé dans l'œil. Nous nous étions revus par hasard dans une file d'attente d'un cinéma, un mois plus tard. Ce deuxième contact avait permis à nos regards de s'attarder un peu plus longtemps, à nos mains de s'entrelacer et à nos lèvres de se frôler.

Annie était séduisante, cultivée, pétillante et compréhensive, j'étais plutôt hésitant, maladroit, tête en l'air et impatient.

Notre amour était de ceux que l'on grave sur l'écorce des arbres à l'adolescence, passionnel, sincère… mais bancal, à l'image de notre premier rendez-vous manqué.

Annie passa outre à mes bizarreries, tous ces moments où j'étais un peu ailleurs, elle enrichit ma culture musicale, littéraire et cinématographique, m'apporta tendresse et stabilité. Je crus en nous autant qu'il est possible de croire en une histoire d'amour, en idéalisant le couple que nous formions. Mais parfois, ce qui semble être le mieux pour nous ne l'est pas forcément.

Annie était – est – et restera la femme de ma vie, mais ma vie n'est pas celle de tous les hommes. Maintes fois, je faillis demander sa main, pour chaque matin, reporter ce projet au lendemain. De guerre lasse, Annie renonça à l'idée d'un avenir commun. Elle prit ses distances, jusqu'à disparaître définitivement de mon quotidien.

Rousseau disait : « Pour connaître les hommes, il faut les voir agir. » J'avais mal agi. Je ne m'étais pas montré à la hauteur de nos sentiments, de cet amour qui m'avait rendu plus vivant que jamais.

Plus de cinquante ans se sont écoulés depuis le film *Un été 42* que nous avions tous les deux, sans le savoir, décidé de voir ce soir-là, pourtant, la jolie jeune fille aux cheveux châtains et aux yeux noisette continue de faire palpiter mon cœur comme au premier jour.

Les souvenirs de notre relation avortée et ceux que nous aurions pu fabriquer sont inscrits dans mon ADN comme dans celui de tous les amoureux désaimés de par le monde. Des centaines de milliers d'histoires impossibles qui ont traversé les siècles et les générations. Qu'ils se nomment Roméo, Tony, Rhett, Hubbell, Denys ou Robert, que le scénario soit écrit à Vérone, New York, en Géorgie, à Hollywood, en Afrique ou à Madison, tous portent le poids de l'inachevé.

Souvent, je pense à elle. Je l'imagine dans son jardin, lisant à l'ombre d'un mimosa ou écoutant un des disques du « grand Jacques » qu'elle affectionnait tant.

Je savais qu'en écartant Annie, je me condamnais à repousser toutes les autres.

Cela aurait dû être elle plus moi, mais ce fut moi sans elle.

Mon cœur brisé par Annie et toutes les autres femmes trouva du réconfort dans l'amitié, dont le cercle s'élargissait de jour en jour – l'équivalent des réseaux sociaux avant l'avènement du numérique.

Aux facultés de Nanterre et Suresnes, qui dispensaient les cours de psychologie et sciences de l'éducation, je participais aux rencontres de handball organisées par l'université. À cette occasion, je fis la connaissance de Catherine et Philippe, tous deux amateurs de sport collectif. En couple depuis peu, ils préparaient eux aussi l'examen de certification des enseignants spécialisés. Nous nous rapprochâmes le jour où ils prirent ma défense contre un mufle qui m'avait littéralement pris pour cible lors d'un match à domicile, le genre à cogner tous les mecs qui ne fréquentaient pas les salles de musculation. L'altercation menaçant de dégénérer, nous abandonnâmes le joueur belliqueux, préférant aller boire un verre et rire à ses dépens.

Pour clore la partie théorique de notre formation, Catherine et Philippe axèrent leur projet de fin d'études sur la maltraitance infantile. De mon côté, j'entamais ma période d'observation dans le service du professeur Tomatis, un chercheur en oto-rhino-laryngologie qui avait mis au point une méthode de rééducation de l'oreille fondée sur la stimulation de l'écoute volontaire.

Après avoir rendu un mémoire de fin d'année sur les bénéfices de cette méthode appliquée aux enfants autistes, je regagnai mon Sud natal pour des vacances bien méritées.

Juillet 1982 pointa le bout de son nez, lançant officiellement la saison des festivals, des glaces et des soirées sur la plage. Curieux de découvrir les criques de sable blanc, entre pinède et garrigue, dont je leur avais tant parlé, Catherine et Philippe avaient loué une maison dans l'arrière-pays varois.

Peu de temps après leur arrivée, alors que nous n'avions pas prévu de nous retrouver avant le lendemain pour une balade dans le village du Castellet, je reçus un coup de fil de Catherine tard dans la nuit, qui me pria de les rejoindre au plus vite d'une voix inhabituellement blanche et haletante.

Inquiet, j'avais bondi dans ma voiture sans chercher à comprendre l'origine de son malaise, et parcouru la distance qui séparait nos deux maisons à toute allure, pleins phares. Devant le portillon en bois de leur pavillon d'été, Catherine m'attendait en se rongeant les ongles. Elle me fit entrer sans s'encombrer des convenances et m'indiqua immédiatement un homme du regard.

La trentaine, front dégarni, lunettes de soleil et barbe de trois jours. L'individu n'avait pas l'air au mieux de sa forme. Catherine me dévisagea. Elle avait deviné depuis longtemps ce qui me caractérisait et tenta de décrypter mon langage corporel.

Je ne reconnus pas tout de suite l'interprète des tubes populaires et romantiques des quinze dernières années tellement le bonhomme était mal en point. Puis, ça fit tilt ! Je me trouvais en présence d'une étoile de la chanson française… qui plus est, mon idole depuis que j'étais en âge de sortir avec des filles !

Mes délires oniriques, dans lesquels un animateur radio et un musicien de renom se partageaient la scène, remontèrent à la surface. D'abord André Torrent et maintenant Michel Delpech ! De toute évidence, mon rêve au complet était en train de se réaliser…

Focalisé sur le teint cireux du chanteur prostré dans son fauteuil, je ne pris pas le temps de m'appesantir sur la fabuleuse occurrence.

Les présentations furent succinctes. *« Jean, voici mon frère Michel. Michel, c'est Jean. »*

L'homme à la mine défaite assis devant moi s'avérait être de la même famille que mon amie, un frère aussi talentueux que névrosé, dont Catherine ne m'avait jamais parlé, sous couvert de son nom d'épouse.

Addiction ? Instabilité ? Dépression ? Fatigue ?… En concert dans la région, Michel n'avait pas été en mesure d'assurer son tour de chant. Pour le remettre sur pied, Catherine avait dû faire appel à un docteur, mais, bien plus qu'un avis médical, mon amie souhaitait avant toute chose savoir si cette descente aux enfers allait s'arrêter et si son grand frère allait enfin réussir à remonter la pente. D'où le coup de fil en pleine nuit.

Je rassurai Catherine tant bien que mal et attendis que Michel reprenne des couleurs pour lui exposer les travaux d'Alfred Tomatis en matière de réduction de l'anxiété et de régression des troubles psychologiques. Cette thérapie par le son (bien que décriée par tout un pan du corps médical) avait fait ses preuves dans les domaines de l'apprentissage, de l'attention et du développement. Elle s'appliquait aussi – c'est ce qui nous intéressait présentement – aux professionnels de la voix.

Après discussion, j'encourageai Michel à suivre le protocole, ce à quoi il consentit.

« Ça m'a fait du bien de parler avec vous, Jean. Vous êtes si... différent de toutes les personnes que j'ai rencontrées jusqu'ici. Rien que la façon dont vous me regardez... je sens que vous êtes... ailleurs. Ne prenez pas mal ce que je vais vous dire, mais je pense que vous avez du chemin à faire sur cette terre. Vous êtes dans la lumière, vous avez quelque chose que les autres n'ont pas. »

Nous nous revîmes à la fin de ses séances de rééducation et je fus heureux de constater que son état général s'était nettement amélioré.

Le chanteur avait bénéficié d'une « renaissance », pour reprendre le terme d'Alfred Tomatis, au même titre que les autres participants. Le *modus operandi* était simple : on leur avait fait écouter de la musique filtrée à huit mille hertz, entrecoupée d'un enregistrement de la voix maternelle ou d'un extrait du *Petit Prince*. Des morceaux musicaux principalement puisés dans les œuvres de Mozart ainsi que dans les chants grégoriens, du fait de leur richesse harmonique et de leur équilibre rythmique. Ces propriétés, associées à une fréquence hertzienne savamment calculée, généraient des interactions du cerveau vers le système nerveux et permettaient de recréer les sons intra-utérins.

Tomatis affirmait que ce deuxième accouchement était sonique, car il reproduisait la naissance sur le plan sonore en faisant progressivement passer l'audition du mode fœtal au langage parlé.

Les résultats furent probants, même si Michel demeura sous surveillance médicale.

Les circonstances qui font que deux personnes se rencontrent et nourrissent des sentiments fraternels réciproques sont rarement banales. Celles qui nous avaient réunis cette nuit-là, Michel et moi, ne faisaient pas exception.

Ouvert aux sciences occultes, Michel accueillit ma clairvoyance sans réserve, celle-ci le passionnait d'autant plus qu'elle ne cessait d'évoluer.

Dès l'instant où j'avais accepté l'idée d'être connecté avec l'au-delà, mon esprit s'était rendu plus disponible. Toute une série de mécanismes s'étaient alors mis en branle, ouvrant les vannes de mon discernement.

Ce qui était confus devint limpide.

Ce dont je ne mesurais pas l'importance se transforma en essentiel et précieux.

Ce que je considérais comme infondé se trouva être l'exacte vérité.

Des visions détaillées, plus explicites, avaient supplanté les sentiments de déjà-vu, les intuitions, ainsi que les coups de pouce providentiels. Le facteur temps s'était affiné, les images me parlaient davantage. J'étais désormais capable de lire et déchiffrer les informations qui abondaient spontanément.

Plus besoin de fuir ou de résister, j'avais compris ce que l'on attendait de moi, j'étais prêt à l'assumer et à y répondre.

À ce sujet, je pensais avoir cerné le champ de mes possibilités, mais j'ignorais qu'un fâcheux concours de circonstances allait les amplifier de manière exponentielle.

La partie pratique du CNEFEI se déroulant sur mon lieu de travail habituel, soit à l'École nationale de perfectionnement d'Ollainville, autant dire qu'elle se résuma à une simple formalité. Quatre soirs par semaine, de dix-sept heures à dix-neuf heures, et le mercredi toute la journée, j'étais chargé d'organiser des activités périscolaires sur un de mes thèmes de prédilection : la vidéo, initiant mes élèves à l'enregistrement et au traitement d'images. J'assurais également, tous les deux jours, la surveillance à l'internat, du dîner jusqu'à l'heure du coucher ou durant toute la nuit.

Ainsi fut rythmée ma dernière année de formation pour l'enfance en difficulté.

Après une épreuve de concours écrite à l'école normale de Toulouse, deux examens de certification et sept ans de bons et loyaux services, j'obtenais enfin mon ticket d'entrée pour l'administration française !

À l'approche de l'été, mon chanteur préféré dut retourner en Provence, où de nombreuses manifestations l'avaient mis à l'honneur. Nous fîmes le voyage ensemble, un trajet longitudinal nord-sud que j'avais fréquemment emprunté au cours de ces dernières années, mais qui avait un goût particulier en ce mois de juin 1983, puisque je rentrais chez moi avec deux diplômes sous le bras. Celui d'instituteur confirmé grâce au CAP et celui d'éducateur spécialisé avec le CAEI (Certificat d'aptitude à l'éducation des enfants et adolescents déficients ou inadaptés).

En contemplant les documents officiels attestant mes compétences, ma mère exulta. (Il serait faux de dire que je n'avais pas, moi aussi, envie de marcher la tête haute en bombant le torse.)

Sa fierté était si grande qu'elle exhibait mes qualifications comme des médailles ou des trophées, allant jusqu'à organiser une petite fête avec d'anciens camarades du lycée. C'était le retour triomphal de l'enfant du pays, la revanche du vilain petit canard !

La vie était belle, l'avenir aussi éclatant que le ciel bleu de Méditerranée, les cigales chantaient, Michel et sa sœur Catherine étaient à mes côtés, de même que mes amis d'enfance, mes frangines et Jeff...

Yannick Noah avait battu Mats Wilander à Roland-Garros, les filles se coiffaient comme Bonnie Tyler, tous les jeunes fredonnaient ou dansaient sur « C'est bon pour le moral, c'est bon pour le moral... » et le remake américain d'*À bout de souffle* avec la piquante Valérie Kaprisky sortait en salle.

Mon bonheur était complet.

Mais alors que tout allait pour le mieux, un désagréable pressentiment vint gâcher ce tableau idyllique. Une sensation de danger imminent, une angoisse oppressante, me fit constamment surveiller mes arrières et me tenir sur mes gardes. Cette soudaine appréhension ne me lâchait plus. Elle démarrait au saut du lit quand je me levais la gorge serrée avec la détestable impression d'être parti en vacances en ayant oublié d'éteindre le gaz ou de fermer la porte à clef. Il allait se passer quelque chose d'ici peu, j'en étais persuadé, quelque chose de grave. Les alarmes de mon cerveau clignotaient frénétiquement, tous les voyants étaient au rouge… Pourtant, rien de tragique ne survint.

Lassé d'avoir sans arrêt des yeux derrière la tête, je finis par ne plus accorder de crédit à cette schizophrénie apparemment sans fondement, jusqu'à l'occulter totalement.

Les températures de juillet battaient des records de chaleur en 1983. À minuit passé, ce soir-là, on pouvait encore voir des dizaines de familles longer les promenades du bord de mer en quête d'un peu de fraîcheur. Je venais d'assister avec une amie à un concert organisé par la Ville de Bandol et m'étais posté à la sortie des artistes pour attendre Michel. Je savais qu'il serait déçu. La communication autour de l'événement avait été bâclée et la présence des Haricots rouges, si populaires depuis leur reprise jazzy des *Copains d'abord*, n'avait pas rassemblé le public escompté.

Tout à coup, un crissement de pneus perturba sans crier gare l'ambiance postconcert qui avait électrisé la maigre foule. Plusieurs têtes pivotèrent dans ma direction sans que je réagisse. Le bruit se fit de plus en plus proche. Vrombissement, éclats de verre, froissement de tôle. Perdu dans mes pensées, je ne vis pas l'automobile faire une embardée et me foncer droit dessus. Le rétroviseur de la Renault 9 accrocha mon avant-bras, me traîna sur une trentaine de mètres et me projeta dans les airs. Lors de ma chute, je heurtai le capot d'une voiture et perdis connaissance.

La nuit tomba précipitamment, ce fut l'obscurité totale, le trou noir.

Au service des urgences de l'hôpital, le scanner révéla un œdème cérébral diffus, conséquence d'un traumatisme crânien qui me plongea plusieurs heures dans le coma. Je ne repris conscience qu'au petit matin, sans être capable de me rappeler ce qui m'avait mené là.

Le premier visage qui apparut dans mon champ de vision affichait un large sourire malgré des traits tirés par la fatigue. Aussitôt informé de l'accident, Michel s'était précipité à l'hôpital sans prendre le temps de repasser chez lui, aussi je fus étonné de voir son livre de chevet posé à côté de mes médicaments, sur la petite table jouxtant mon lit médicalisé. Que faisait cette bible, que dis-je, *sa* bible, celle à laquelle il attribuait sa survie, celle qui lui avait donné la force de ne pas sombrer, et dont il avait fait son bréviaire, dans ma chambre d'hôpital ? Je notai mentalement de le lui demander dès que je serais complètement rétabli.

L'inquiétude et le soulagement des dernières heures se lisaient sur le faciès de mes visiteurs, c'est pourquoi je fis mon possible pour feindre l'apaisement alors que j'étais encore sous le choc de m'être fait renverser par une voiture, mais surtout du combat auquel mon âme s'était livrée. Un combat d'autant plus difficile à expliquer que j'en avais été le seul et unique témoin.

Derrière mes paupières closes et immobiles, sous mon corps faussement inerte, deux camps diamétralement opposés s'étaient affrontés, les deux plus grands antagonistes de l'histoire du monde, deux frères ennemis aux antipodes l'un de l'autre.

Je savais qu'il ne s'agissait pas de ces prétendues hallucinations émises par le cerveau lorsque celui-ci manque d'oxygène, ce qui s'était passé durant mon coma avait réellement eu lieu.

Des forces attractives contraires avaient tiraillé mon corps en tous sens, le faisant s'élever dans une épaisse fumée blanche, pour le faire redescendre, avant de l'attirer à nouveau vers le haut, répétant ce mouvement ascensionnel plusieurs fois de suite. Je m'étais vu passer du gris au blanc puis du blanc au gris, d'une béatitude absolue à un extrême inconfort.

Pas de lumière au bout du tunnel, pas de réminiscences, seulement l'assurance d'avoir marché sur un fil à cent mètres au-dessus du vide, sans filet de protection.

Il s'en était fallu de peu que je ne perde l'équilibre et n'atterrisse en mille morceaux. Selon les infirmiers, la chute de mes constantes biologiques indiquait clairement que j'avais cessé de me battre à un certain moment pour, fort heureusement, me raccrocher à la vie l'instant suivant. Les mots que j'avais balbutiés entre deux phases d'endormissement – d'après ce qui m'avait été rapporté – témoignaient de ce basculement. Tout d'abord, ce commentaire grinçant et fataliste : *« Je vais mourir, mais ce n'est pas grave. »* Puis ces propos à la suite desquels je rouvris les yeux : *« Dans la vie, il y a tant de belles choses que j'aurais pu faire. »*

La vie et la mort avaient indéniablement combattu l'une contre l'autre pendant ma perte de conscience. La grande Faucheuse n'avait pas remporté cette manche, mais la lutte avait été si acharnée que je n'osais m'endormir de peur qu'Elle ne revienne me chercher.

Soixante-douze heures après l'accident, on me demanda de passer un nouveau scanner pour évaluer la propagation du liquide séreux dans mon cerveau. Alors que le matin même, l'équipe médicale était toujours réservée quant à mon pronostic vital, l'après-midi, l'appareil à rayons X ne décela plus aucune tache suspecte. Désorientés par ce revirement radical, les docteurs durent se rendre à l'évidence en constatant que l'œdème cérébral s'était entièrement résorbé.

Si vite remis de cet accident ? J'en fus le premier surpris, tout en sachant à qui je le devais…

Je poursuivis ma convalescence au domicile de mon ami Michel en région parisienne. Pour ne pas tracasser ma mère outre mesure, une version édulcorée de mon hospitalisation lui avait été présentée (une prétendue chute de cheval), mais son intuition aiguisée fit qu'elle n'en crut, bien entendu, pas un seul mot. À la longue, Michel et moi étions devenus suffisamment proches pour cohabiter sans nous gêner. Discret et pudique, le troubadour des temps modernes aimait se balader des heures durant avec son chien dans les parcs ou les jardins publics. Lorsque nous marchions ainsi, côte à côte, il ne manquait jamais l'occasion de citer un ou deux extraits des ouvrages théologiques qu'il lisait.

Après un passage à vide et un divorce douloureux, l'auteur-compositeur avait expérimenté diverses spiritualités, telles que la méditation transcendantale ou l'hindouisme, pour finalement renouer avec le catholicisme. Convaincu d'être sorti de la dépression, d'avoir échappé aux ténèbres, en un mot, d'avoir trouvé son salut dans la religion, il s'était jeté dedans à corps perdu.

Eu égard à ce que je venais de traverser, Michel pensait que je devais, moi aussi, rendre grâce à ceux qui m'avaient sauvé. Pour cela, rien de plus simple, je n'avais qu'à lire la Bible et prier.

C'est sur ce point précis que nos opinions divergeaient. Reconnaissant, je l'étais au plus profond de mon être, mais pas de la même manière.

Peut-être m'aurait-il préféré plus respectueux des rites religieux ? Il évoquait souvent le sujet, mais l'éducation catholique que j'avais reçue, ajoutée aux cours de catéchisme et aux messes dominicales, n'avait pas fait de moi un bigot. Ma croyance était plus instinctive que didactique. J'étais contre les règles et les dogmes imposés, autant de remparts à la réflexion personnelle. Les hommes avaient-ils besoin d'intermédiaires pour s'adresser au Tout-Puissant ? Rien n'était moins sûr. Je trouvais les Évangiles, Épîtres, Lettres et autres écrits trop moralisateurs ou sentencieux et je n'étais pas sensible au caractère universel des textes. Concocter ses propres prières restait, selon moi, la meilleure façon de se faire entendre et de s'élever spirituellement.

Comment expliquer à Michel qu'il n'était pas tenu de lire des textes tout faits, prêts à consommer, ou de s'astreindre à un cadre prédéfini ? Les messages envoyés là-haut devaient être exempts de toute idéologie, l'essentiel résidant dans le fond et non dans la forme. Du brut, du réfléchi, de l'intentionnel, de l'« authentique », comme disait Pagnol. Mon langage, celui que j'utilisais, venait droit du cœur, il exprimait ma sincérité et véhiculait mes émotions jusqu'à prendre corps.

Je savais que l'univers était à l'écoute de nos pensées à toute heure du jour et de la nuit. Or, nos pensées, nos intentions, sont des vibrations, des énergies invisibles, qui peuvent influer sur la réalité physique.

Tout ce qui nous entoure est fait de matière, le corps humain est fait de matière. Nous savons, aujourd'hui, que celle-ci est un assemblage d'atomes, que ces atomes sont eux-mêmes composés de particules et que ces particules sont un amas d'énergie.

Matière – Atomes – Particules – Énergie.

Nous sommes tous liés les uns aux autres et à notre environnement. Formulez une pensée en un point P du monde et l'architecture de ce même monde s'en trouvera imperceptiblement modifiée. C'est comme lancer un caillou dans un lac et apercevoir, pendant une fraction de seconde, des cercles concentriques à la surface de l'eau.

Qui n'a jamais entendu parler de l'expérience des bols de riz menée par le docteur Emoto dans les années 1990 ? Prenez deux bols de riz, écrivez une pensée positive sur l'un (amour, joie, bonheur…) et une pensée négative sur l'autre (haine, mort, maladie…), puis lisez-les tous les soirs durant un mois. Passé ce délai, vous pourrez alors remarquer que le bol de riz étiqueté avec la bonne pensée n'a pas changé tandis que l'autre a moisi.

Des expériences similaires réalisées par d'autres chercheurs aboutirent aux mêmes conclusions, à savoir que nos pensées ont une action mentale et physique.

Le monde est le reflet de la pensée, selon le fondateur du bouddhisme. Envoyez des gentillesses, de bonnes énergies, partagez vos joies, et l'écho n'en sera que plus favorable.

Nous ne parlons donc jamais dans le vide… Alors, quitte à être entendu par la galaxie, autant que cela soit avec mes propres mots !

Pour résumer, je dis à Michel que je croyais en l'existence d'une force supérieure (comment aurait-il pu en être autrement après tout ce que j'avais vécu ?), peut-être même en l'existence des principaux protagonistes auxquels les ouvrages de théologie se référaient, mais que je n'avais nullement besoin de m'appuyer sur leurs paroles ou leurs témoignages pour prier.

D'autant qu'il ne me semblait pas nécessaire d'être titulaire d'un master en divinité pour avoir la foi. Connaître chaque psaume et chaque verset sur le bout des doigts pouvait donner l'illusion de tout prouver et de tout contrôler, il n'empêche qu'il y aura toujours des paramètres inexplicables. Comme la bible que Michel avait (sans raison apparente, je l'appris plus tard) emportée avec lui le matin de mon accident, le fait qu'une voiture folle vienne me faucher au moment où je racontais à mon amie qu'il ne m'arrivait que des choses extraordinaires, sans parler de la prodigieuse disparition de mon œdème cérébral.

J'étais bel et bien vivant, et plus que jamais redevable envers le ciel, avec lequel les liens s'étaient à nouveau renforcés. Depuis ma perte de connaissance, je n'étais plus le même. Un cap avait été passé, ma perception s'était encore plus affûtée. Jusque-là, je percevais le monde à travers une toute petite fenêtre ; aujourd'hui, j'avais une vue panoramique de chaque situation.

Grâce à ce grand angle, cet univers d'une beauté sans nom n'en finissait pas de me subjuguer chaque jour davantage.

Je réintégrai l'École nationale de perfectionnement d'Ollainville en septembre, deux mois après avoir été percuté par un conducteur ivre, prêt pour commencer une nouvelle année ! Mais en sus des légers dommages corporels, l'accident avait ouvert une faille d'ordre psychologique qui surgit après coup.

Je me disais que j'avais eu beaucoup de chance, car le drame aurait très bien pu sonner ma dernière heure. Puis, je voulus savoir s'il y avait une logique derrière tout cela. Pour quelle raison n'étais-je pas mort ? Était-ce une « erreur d'aiguillage » ? Quelqu'un d'autre était-il décédé à ma place ? Pourquoi le ciel ne m'avait pas protégé ?

De petites hésitations passagères, n'ayant au départ aucune incidence sur mon mental, en cogitations nocturnes causant sueurs et insomnies, j'en vins à remettre intégralement en question ma présence ici-bas et à déclencher le chaos dans ma tête.

Mes repères volèrent en éclats, les bleus de mon âme réapparurent, encore plus denses, plus étendus. Je n'arrivais plus à faire la différence entre ce qui était bon ou mauvais, entre ce qui était juste ou immérité. Est-ce que j'avais ma place en ce monde ? Étais-je en droit de vivre ? Aurait-il mieux valu que je ne me réveille jamais ? Tout était sens dessus dessous, inversé comme dans un négatif photo.

Mais pourquoi flancher maintenant, alors que le plus dur était passé et que j'avais eu la chance de ne garder aucune séquelle physique de l'accident ? Certes, j'aurais pu y rester, mais la vie semblait en avoir décidé autrement.

Un matin, pourtant si semblable aux autres, je compris comment et par qui cette graine macabre avait été semée dans mon cerveau. La Mort, celle que l'on représente symboliquement par un squelette muni d'une faux souvent habillé d'une longue cape noire, par le visage d'une jeune femme à moitié éclairé ou sous les traits d'un homme à tête de chacal, avait feint d'abandonner la partie, mais elle me guettait, tapie dans un coin sombre. Hel, Thanatos ou Yama, quelle que soit l'appellation que les peuples anciens lui avaient donnée à travers les âges, la Mort avait emprunté des chemins de traverse et m'attendait de pied ferme, instillant le trouble dans mon esprit pour reprendre mon âme.

L'année scolaire à peine terminée, je partis me ressourcer au centre Tomatis. Besoin de décompresser, de me vider la tête, de ne plus penser à tout ce qui était advenu en bien ou en mal, besoin aussi de me mettre au vert, d'évacuer cette tension nerveuse.

Les séances d'écoute couplées aux retrouvailles en famille provoquèrent une catharsis qui vint à bout de mes doutes et de mes incertitudes. Toutes mes idées noires se dissipèrent, pour, je l'espérais fortement, ne plus jamais revenir. Plus de flottement dans l'air, plus de vague à l'âme. J'étais désormais résolu à vivre ! Si la Providence m'avait épargné, ce n'était pas à moi de la contredire.

Partant du principe qu'un esprit occupé est un esprit en bonne santé, ma mère me conseilla chaudement de trouver un job d'été plutôt que de rester à me tourner les pouces durant les grandes vacances. Ma confiance à son égard étant sans limites, j'appliquai ses recommandations à la lettre et postulai à la direction d'un centre aéré pour jeunes en difficulté.

Me consacrer aux autres, être confronté à leurs problèmes, me permit, effectivement, de relativiser et de me ressaisir. Je pris conscience des transformations qui s'étaient opérées en moi depuis l'accident. Je ne raisonnais plus comme avant, j'étais beaucoup plus solitaire, moins dissipé. Ancré dans la réalité pour mieux m'en détacher, prenant le contre-pied de ma vie, je devins expert en ubiquité, maniant avec brio l'art d'avoir à la fois les pieds sur terre et la tête dans les étoiles.

L'ampleur de la mission qui m'avait été confiée s'était gravée en lettres d'or. *« Voir et percevoir, entendre et écouter »* ce qui échappait aux cinq sens communément admis. C'était une nourriture céleste, un faisceau lumineux sur lequel mes yeux avaient délibérément choisi de se poser. Mes seules exigences : la franchise, l'honnêteté et le désintéressement. J'honorais ainsi les engagements pris dix ans plus tôt sur l'île du Levant.

Le jour de la rentrée scolaire suivante, les enseignants d'Ollainville ne reconnurent pas l'adulte sérieux et pondéré qui franchit le portail. Ils avaient quitté un fougueux jeune homme de trente-six ans, dont l'incessante agitation ressemblait à celle des particules élémentaires de physique quantique, et voilà qu'ils récupéraient un mollasson !

Mais avec le calme vint la lassitude. Attaché à mes élèves, j'étais heureux d'avoir pu les accompagner jusqu'au certificat de fin d'apprentissage et d'avoir assisté, pour certains, à la signature de leur premier contrat de travail, cependant, le poids de l'éloignement familial m'incita à repenser mon plan de carrière. Peut-être était-il temps de passer à autre chose ?

La municipalité de La Seyne-sur-Mer avait justement lancé un appel à candidatures pour son service jeunesse, après la demande de mutation d'un coordinateur. Le poste avait l'avantage de me rapprocher de ma famille et de reprendre les points forts de mon expérience professionnelle, entendez par là milieu associatif, zones dites sensibles, déscolarisation et réinsertion. J'y souscrivis d'emblée. Par chance, la responsable des ressources humaines avait regardé le vidéoclip d'un centre de loisirs, dans lequel on me voyait à l'œuvre avec des enfants. Compte tenu de mon ancienneté au sein de l'Éducation nationale et de mes nombreux monitorats en colonies de vacances, la DRH me convoqua et accepta de me recruter séante tenante.

D'instituteur, j'allais donc passer attaché territorial en janvier 1986.

En basculant de la fonction publique d'État à la fonction publique territoriale, je continuais inconsciemment à suivre les préceptes de mon père, qui avait été amené, par son métier d'huissier de justice, à coudoyer la misère dans ce qu'elle avait de plus banal et cruel. Drames familiaux, fins de mois difficiles, boulots précaires, expulsions locatives… À tel point qu'il nous avait seriné, à mes sœurs et à moi-même, de tout faire pour nous trouver un emploi fixe et de ne jamais nous laisser guider par la cupidité. Je suis donc quasiment certain qu'il aurait approuvé cette reconversion professionnelle.

D'autant que ce nouveau lieu allait être le théâtre d'un spectacle époustouflant !

5

Qu'il était bon de retrouver les hivers doux et ensoleillés du sud de la France ! L'hôtel de ville de La Seyne-sur-Mer s'érigeait droit devant les anciens chantiers navals qui avaient fait la gloire de cette commune varoise dès le XIXe siècle. Hormis de grandes baies vitrées offrant une vue imprenable sur le port, l'architecture de l'édifice municipal était assez classique.

Cela ne m'empêcha pas de m'y sentir bien et de lier rapidement connaissance avec les autres membres de l'équipe, notamment Gérard, qui me donna l'impression d'être un ami de longue date. Le midi, je pris l'habitude de rejoindre d'autres agents pour déjeuner sur les quais face au port de La Seyne. Assurer l'animation des quinze/vingt-cinq ans, les sensibiliser à la citoyenneté, développer des activités culturelles, éducatives et sportives pouvait se révéler usant, voire périlleux selon les quartiers. Pour tirer des enseignements communs, débriefer, il était capital de maintenir de tels moments de partage.

C'est lors d'une réunion informelle dans un restaurant de spécialités méditerranéennes, environ dix-huit mois après mon affectation, que l'impensable arriva.

Pour ne pas empiéter sur mon travail et ne pas attirer exagérément l'attention sur moi, j'évitais le plus possible de parler de ce que je « voyais » durant la journée. (Il en allait de même avec mes amis, à qui je laissais le soin de découvrir par eux-mêmes cette face cachée de ma personnalité. Certains mirent d'ailleurs beaucoup de temps avant de comprendre que mes rêvasseries n'étaient autres que d'indescriptibles dialogues intérieurs.)

Pour autant, mes prémonitions étaient devenues si flagrantes que nombre de collègues finissaient invariablement par me solliciter pour eux ou un de leurs proches.

Ce fut le cas de Corinne, l'amie d'une employée municipale, qui exposa ce jour-là le cas de Mme Forbin, condamnée par la médecine, souffrant de diabète doublé d'une insuffisance cardiaque, et de son fils, Claude, en pleine crise conjugale. Alors qu'elle me listait les désagréments de ces deux personnes, des lettres se détachèrent une à une dans mon esprit.

P-A-T-R-I-C-K.

« Patrick ? » avais-je dit tout haut. Stupéfaite de m'entendre prononcer le prénom du fils aîné de Mme Forbin, qui avait perdu la vie douze ans plus tôt, Corinne me précisa qu'il ne s'agissait pas de Patrick mais de Claude, son cadet. Puis, elle reprit là où je l'avais interrompue.

Pendant qu'elle détaillait leur histoire, je fus saisi par une force invisible. Une voix, que je ne contrôlais pas, me fit dire ces mots comme l'aurait fait un ventriloque avec sa marionnette : *« Attirance par l'eau et par ses profondeurs... Je suis Patrick... Je suis mort dans un accident de plongée, mon corps a été retrouvé en eau profonde, et cela s'est passé près de Hyères... Ma mère fait fausse route, elle est partie dans une direction qui ne lui correspond pas !... Elle fait fausse route, aidez-la !... Sauvez-la ! »*

L'effet de surprise me fit perdre mes moyens.

Ce Patrick, dont j'ignorais l'existence jusqu'à ce jour et qui était a priori mort et enterré, me faisait parler à sa place ! Mais comment était-ce possible ? Et que me voulait-il ?

Je n'en revenais pas. S'il m'était déjà arrivé, par le passé, d'entrapercevoir un ou plusieurs défunts, lesquels se présentaient comme le grand-père ou la tante d'untel et faisaient référence à des anecdotes bien précises, mon corps n'avait jamais été accaparé de la sorte. Les précédentes visions n'avaient été que furtives, le temps de flashs plus ou moins longs, rien de comparable avec la prise de possession que je venais de subir.

Je m'étais levé de table en sursaut, blanc comme un linge, et avais couru me terrer dans les toilettes du restaurant, en espérant que cela suffirait pour me débarrasser de cette envahissante présence fantomatique, dont la seule proximité me terrifiait.

Mais une fois seul, je sentis une masse se ruer sur moi, m'étreindre et me contraindre à prendre la parole : *« Ma mère fait fausse route... aidez-la ! »*

Les phrases continuaient de s'échapper de ma bouche de manière incontrôlable. Je n'étais plus maître de moi-même, mon corps ne m'appartenait plus... C'était ma voix, mais avec les mots de Patrick.

« Aidez-la !... Aidez ma mère ! »

Aider sa mère ? Mais qu'entendait-il par là ? Qu'étais-je censé faire ?

La panique bloqua toute tentative de raisonnement. Mon système nerveux libéra de l'adrénaline et du cortisol, ma pression artérielle augmenta, mon rythme cardiaque s'affola, martelant ma poitrine. La requête était si implorante, l'emprise si forte et tenace que je crus un instant voir quelqu'un habillé de blanc se matérialiser…

Le calme revenant, je regagnai mon siège en vacillant, sous les yeux ahuris de mes collègues de bureau qui avaient assisté, en spectateurs non avertis, à mon insurmontable effroi, s'attendant à tout moment à me voir défaillir.

Le déjeuner écourté, l'après-midi se déroula sans encombre. Je demeurai néanmoins sur le qui-vive et me raidis en sentant que Patrick se manifestait à nouveau à travers moi à la tombée de la nuit : *« Je sais que j'ai réussi… je suis médecin, je sais que j'ai réussi… Je sais que j'ai réussi mes examens pour être docteur. Je suis décédé la veille des résultats. »*

La voix émettait des vibrations qui m'emplissaient jusqu'au tréfonds de mon âme. *« Je vous en supplie, vous qui êtes parmi les vivants, aidez ma mère, aidez-la… Je suis disposé à… »*

Ses mots contenaient une urgence non feinte. Je compris que Patrick me poursuivrait tant que je ne l'aiderais pas… et qu'il irait même jusqu'à… jusqu'à me mettre en danger ou… se mettre lui-même en danger ?… Les explications qu'il me fournissait par la pensée n'étaient pas claires…

Je devais maîtriser mon stress pour mieux me concentrer. Quand mes tremblements cessèrent, que la pression redescendit, je pus deviner ce que Patrick était prêt à dévoiler en échange de ma coopération. Il voulait apporter une réponse aux grandes questions existentielles, celles qui avaient tenu éveillés tous les physiciens, astronomes, mathématiciens et philosophes de ce monde, de Socrate à Platon, de Copernic à Newton. Où vont les âmes quand elles quittent l'enveloppe corporelle ? Dieu existait-il ? Comment l'univers a-t-il été créé ?...

Si tout le monde, ou presque, aurait voulu élucider ces énigmes à n'importe quel prix, je me rendis compte, après une courte hésitation, que je n'étais pas de ceux-là. Je ne pouvais décemment pas accepter ce deal contre nature ! L'enfant qui sommeillait toujours en moi aurait eu le sentiment d'enfreindre une loi ancestrale, de pénétrer dans une zone interdite alors qu'un panneau « Danger ! » clignotait en rouge à l'entrée... Et puis... que serait la foi sans ses mystères ? Elle seule nous permet d'accéder à tout ce qui nous échappe.

Ne voulant compromettre qui que ce soit, ni Patrick ni moi, je consentis à appeler la mère de mon « squatteur » sans contrepartie.

« D'accord ! » me surpris-je à dire à voix haute. Voilà que je parlais à un mort... c'était du délire !

Le lendemain, en montant l'escalier qui menait au domicile de Corinne, j'en étais encore à me demander ce que j'allais bien pouvoir raconter à cette Mme Forbin, quand Patrick me souffla de ne pas m'en faire. Aucune raison de m'inquiéter, il m'assisterait.

Dans le silence de son salon, Corinne fit tourner plusieurs fois le cadran du vieux téléphone pendant que nous retenions notre respiration. Dès que la sonnerie retentit, j'entrai dans un état second.

« Pardon de vous importuner, madame Forbin, je sais que vous êtes très fatiguée, mais votre fils Patrick a insisté pour que je prenne contact avec vous.

— Patrick ? Mais mon fils est mort... Vous devez sûrement vous tromper...

— Je sais que Patrick est mort, madame Forbin. Je sais même comment : en faisant de la plongée sous-marine

près de Hyères, la veille des résultats de ses partiels. Mais il sait qu'il a réussi, qu'il est médecin. Il est là, avec moi. Il vous demande de me faire confiance.

— C'est impossible... Mon fils est mort, comment peut-il... ?

— Je sais que c'est difficile à croire, madame Forbin, mais votre fils... hum... m'utilise pour communiquer avec vous. En ce moment, il me dit que le chat est à côté de vous. Il dit aussi que vous avez un problème aux doigts et dans les genoux, il...

— C'est exact. Nestor ronronne à mes pieds... J'ai des nodules au niveau des phalanges... et une déformation des genoux à cause de l'arthrose...

— Votre fils s'inquiète pour vous. Il voudrait que vous vous désengagiez de l'association pour laquelle vous agissez. Les dirigeants sont douteux et risquent de vous entraîner sur une mauvaise pente.

— Ah bon... mais comment a-t-il fait pour savoir tout ça ? »

Impossible de répondre à Mme Forbin, sinon je perdais le fil.

« Patrick voudrait aussi parler de sa fille Caroline, de sa sœur Alice, et de Jean-Luc, son meilleur ami. Il veut les tranquilliser, leur dire que tout va bien. »

La conversation dura ainsi un long moment ; Patrick fournit des détails considérables, connus d'eux seuls. Comme la couverture orange de sa chambre d'adolescent qu'il avait conservée dans un carton en haut d'une armoire, les tours de magie qu'il aimait faire petit, ou son alliance qui avait été récupérée par sa mère.

« – Tout cela est incroyable ! Mon fils... peut-il m'entendre ?... Dites-lui que j'ai hâte de le rejoindre...

— *Il comprend, mais prétend que vous devez rester encore un peu ici pour vous occuper de votre petite-fille. Il veillera sur vous en tant que médecin et en tant que fils... Voilà, il est parti. Il se manifestera dans les jours qui viennent par le biais d'appareils ménagers ou d'équipements électriques qui tomberont subitement en panne.* »

La brutalité du signal sonore continu qui mit fin à la conversation me renvoya l'image d'un tracé plat sur un moniteur de fréquence cardiaque. Mort cérébrale, activité réduite à zéro.

Comment se reconnecter avec la réalité après ça ? Encore dans les vapes, je ne pouvais me défaire de cette étrange atmosphère qui nous avait enveloppés d'une sorte d'ouate moelleuse et hypnotique. Tout d'abord perplexe, Mme Forbin avait vite établi qu'il ne s'agissait pas d'un canular, que son fils aîné était véritablement entré en contact avec moi. Corinne, elle, avait été captivée par cet orateur lointain, quant à moi, je ne touchais plus terre.

Tout le temps que dura cette invraisemblable discussion, je ne fis que rapporter les dires de Patrick. Autant sa voix avait été bourdonnante dans le restaurant, autant elle s'était affirmée en présence de sa mère.

Si le fils de Mme Forbin avait fait de son mieux pour me guider et me rassurer, cet entretien téléphonique d'une bonne heure m'avait, à proprement parler, épuisé.

Le soir venu, je m'endormis avec une profonde sensation de plénitude teintée d'ivresse, conscient d'avoir servi de relais entre la terre et le ciel !

Lorsque Mme Forbin refit des analyses, son pancréas fonctionnait parfaitement, le taux d'insuline était redevenu normal, le diabète avait disparu et son cœur avait recouvré une seconde jeunesse...

« Vous m'avez ressuscitée, Jean. Mon médecin m'a même demandé si j'étais allée à Lourdes !

— Ce n'est pas moi, madame Forbin, c'est le ciel ! »

Voilà une phrase que j'allais, sans le savoir, être amené à prononcer des milliers de fois…

Pouvait-on parler de miracle ? Il n'y avait aucune explication scientifique, pourtant les faits étaient là : un mort avait fait appel à moi, il m'avait investi afin d'avertir sa mère du risque auquel elle s'exposait et avait agi, de là où il était, sur sa guérison.

Par la suite, j'eus de nombreuses autres occasions d'interroger l'outre-monde, d'être en lien direct avec les esprits, de côtoyer le merveilleux, mais l'expérience vécue avec Patrick symboliserait pour toujours la première fois qu'une porte s'était ouverte sur l'au-delà avec autant de sensations tactiles et auditives, de détails et de réalisme.

Quelle plus belle preuve de son existence le ciel aurait-il pu m'apporter ?

L'île paradisiaque sur laquelle je venais de mettre les pieds était un avant-goût de ce qui m'attendait. Bientôt, un océan de lumière, un univers de bonté, un champ d'amour s'étendraient à perte de vue.

À l'aube de mes quarante ans, je souhaitais désormais m'impliquer pleinement dans ce rôle de passeur, en donnant aux autres ce que je recevais. Pour ce faire, j'allais devoir sortir de ma coquille et me montrer au grand jour !

Les gens ne se livrent-ils pas plus facilement à un inconnu si celui-ci avoue modestement avoir ses entrées au paradis ? L'avenir me confirmera qu'il en est ainsi.

Sitôt après avoir jeté le masque et révélé mon vrai visage, je fus chaque jour plus proche des gens. J'entendis des centaines d'histoires portant sur le devenir d'un enfant, une opération chirurgicale ou une pathologie, une disparition, un accident, une rupture... et je fis le maximum pour suivre chacune d'entre elles... Plus exactement, pour faire suivre chacune d'entre elles, puisque j'avais l'extraordinaire faculté de relayer ce qu'on me racontait et de recevoir, en retour, une réponse d'une grande justesse, avec une marge d'erreur infinitésimale.

Le plus souvent porteur de bonnes nouvelles, je fus inévitablement obligé, selon ce qu'on me montrait, de jouer aussi les Cassandre. Il me fallut apprendre à annoncer le pire, à préparer et à accompagner les familles dans ces redoutables épreuves, à ne pas les laisser s'effondrer, et, surtout, à les aider à poser les premières pierres de la reconstruction.

Dans les couloirs de la mairie de La Seyne-sur-Mer, les collègues furent de plus en plus nombreux à me rejoindre autour de la machine à café ou près du distributeur de boissons pour discuter d'un sujet qui leur causait du souci. Ces conciliabules devinrent, sans que l'on s'en rende vraiment compte, des rendez-vous réguliers au cours desquels nous parlions de la mort, de la douleur du deuil et de ce qui nous survivait.

Très vite, le bruit courut que quelqu'un connaissait quelqu'un qui connaissait un homme pouvant lire dans les lignes de la main, à travers une boule de cristal ou dans le marc de café (l'homme qui a vu l'homme qui a vu l'ours).

Il est amusant de constater à quel point le bouche-à-oreille peut prêter du romanesque à une situation qui n'en comporte initialement pas, déformant la réalité, créant un mythe à partir d'un événement irrationnel ou inconcevable pour le cerveau humain. Pourtant, le « cercle des amis éclairés », tel que nous l'avions humoristiquement baptisé, n'avait rien de fantasmagorique. Il s'agissait simplement d'un rassemblement d'âmes sensibles composé de femmes et d'hommes curieux de savoir s'il existait quelque chose au-dessus de leurs têtes.

D'autres personnes souhaitèrent faire entendre leur voix et le groupe s'agrandit en un rien de temps. Le local de la machine à café devenant trop exigu, nous décidâmes de nous réunir une fois par semaine chez l'un d'entre nous ou dans un restaurant pour poursuivre nos échanges.

Souvent mis à contribution, je répondais selon les informations dont je disposais, celles portées à ma connaissance. Si la plupart des participants ne remirent jamais en cause mes propos, d'autres ne s'en privèrent pas. Ceux-là vinrent me voir de la même manière qu'au siècle dernier on se déplaçait pour observer une femme à barbe ou un homme-tronc.

Me sachant capable de déduire des traits de caractère à partir de l'écriture, certains individus malintentionnés tentèrent même de me piéger en fournissant un texte qui n'avait pas été rédigé de leur propre main. D'autres inventèrent la mort d'un ami ou d'un membre de leur famille en espérant m'entendre débiter des âneries et confondre ainsi un menteur. Mais de un, je n'étais pas un phénomène de foire ; de deux, le ou les « poètes » – pour reprendre le terme de Georges Brassens qui voyait en Jésus « le plus grand des poètes » – disaient toujours la vérité et ne se trompaient jamais. Il fallut d'ailleurs à peine plus d'une microseconde aux poètes célestes pour me faire comprendre que la personne en question n'était pas morte ou que l'homme en face de moi n'était pas l'auteur de ces écrits, et que, par conséquent, ce que j'allais y déceler ne lui correspondrait pas.

Ces tromperies n'entachèrent en rien la bonne humeur de notre petite assemblée, laquelle continua de siéger jusqu'en 1990 à La Seyne-sur-Mer, avant de prendre une tout autre dimension.

Dans les années 1990, le tourisme et les sports extrêmes ayant le vent en poupe, la Ville se lança dans l'organisation des séjours « Aventure » et je me portai volontaire pour participer à la plupart d'entre eux, quelles que soient les destinations (Espagne, Tchécoslovaquie, Italie…). Je savais, pour avoir coaché psychologiquement ma sœur cadette pendant ses années de compétitions sportives, que j'allais y retrouver les valeurs qui m'étaient chères, telles que l'esprit d'équipe, la solidarité, le respect et le dépassement de soi. Qui plus est, sans avoir le physique de Carl Lewis, je touchais ma bille en athlétisme. Une prédisposition manifestement génétique, puisque Marcelle avait été championne de France de triathlon et Mireille, médaille d'or en relais aux championnats d'Europe d'athlétisme en salle.

Les expériences et les rencontres se succédèrent durant ces voyages, d'un point de vue humain autant que sportif ou culturel. S'il est vrai que chaque région du globe est unique par ses traditions et son identité, on y retrouve les mêmes préoccupations. En France aussi bien qu'à l'étranger, dans les pays riches ou émergents, au sud comme au nord, aux quatre coins du monde, le malheur avait le même visage. Un masque qui pouvait prendre les traits du désespoir, de l'abattement, de la peur ou de la désillusion.

Rien de nouveau, donc, par rapport à notre petit « cercle des amis éclairés » (et c'était regrettable), hormis l'ordre de grandeur, qui passa de vingt personnes à cinq milliards, de notre petit groupe à… pourquoi pas la planète tout entière, étant donné qu'il y avait autant d'appels à l'aide que d'individus sur cette terre.

Pour chaque cas que l'on me présentait, j'écoutais, suivais les instructions et passais le message à qui de droit. Tel était le cadre de ma mission… C'est du moins ce que je croyais avant que ces prérogatives ne s'élargissent du jour au lendemain.

Un dimanche après-midi, l'ami d'un ami m'amena une femme souffrant d'acouphènes chroniques. Elle en avait perdu l'audition et le sommeil, était constamment prise de vertiges et de nausées. J'étais si contrarié par ses tourments que je n'arrêtais pas de fulminer après son départ en faisant les cent pas. *« J'aimerais tant que Joëlle soit guérie, j'aimerais tant que Joëlle soit guérie… »* Des mots jetés en l'air, façon bouteille à la mer, dont je n'aurais jamais imaginé les conséquences.

Quand je revis cette femme, ma main gauche se mit à gonfler à son contact. Mon premier réflexe fut de la passer immédiatement sous l'eau froide pour atténuer la boursouflure, qui désenfla aussitôt, suscitant mon étonnement.

J'attendis une dizaine de minutes avant de me rapprocher à nouveau de Joëlle, et constatai que le gonflement réapparaissait. Alors je la remis sous l'eau. Même manège : contact, gonflement, eau, quatre fois d'affilée, jusqu'à ce que ma main ne réagisse plus du tout.

Une semaine plus tard, mon ami m'apprit que Joëlle n'entendait plus aucun bourdonnement ni sifflement parasite, comme si le mal qui la rongeait depuis des mois s'était transféré d'elle vers moi, jusqu'à disparaître complètement sous l'écoulement d'eau du robinet.

J'avais examiné mes mains sous toutes les coutures avec l'effarement de celui qui vient de changer le plomb en or, comprenant qu'en plus de m'avoir transmis une visibilité à trois cent soixante degrés, avec un regard pouvant balayer une vie de A à Z, on m'accordait le pouvoir d'inverser le cours des choses en faisant reculer les maladies.

Waouh… D'abord les visions, les voix et les rêves prémonitoires, puis ces morts qui me parlaient et maintenant, cette « inversion » ! Encore une fois, le fait de m'être davantage tourné vers le ciel avait renforcé mes aptitudes.

C'était phénoménal… et vertigineux de découvrir que la toute-puissance divine s'était concentrée dans ma main gauche pour délivrer Joëlle de ses maux !

Je me sentais dans la peau d'un enfant à qui l'on vient d'offrir un jouet à la pointe de la technologie, sans qu'il ait rien demandé et sans qu'il sache comment l'utiliser. À la fois émerveillé, excité et craintif.

Est-ce que ça allait recommencer ? Pourquoi aujourd'hui ? Et comment cela pouvait-il fonctionner ?…

J'avais hâte de pouvoir explorer tous les recoins de ce nouveau continent dont je foulais le sol !

Ce prompt rétablissement soulevait cependant une question fondamentale : et si je n'avais pas formulé le souhait que cette dame aille mieux ? Aurait-elle quand même guéri ? Il était extrêmement dérangeant de supposer que son état dépendait de ce que j'aurais pu dire ou ne pas dire… Heureusement pour ma santé mentale, les cieux se dépêchèrent de stopper mes divagations philosophiques avant qu'elles n'aillent trop loin : pour être entendu, il suffisait de demander, point barre ! Vous, moi, nous tous sans exception ne devions jamais hésiter à nous adresser à eux, même si la réponse tarde à venir, même si l'on n'y croit plus ou si le résultat n'est pas toujours celui que l'on espérait.

Quel mot, autre que « miracle », saurait mieux définir ce qui s'était passé ? J'eus beau chercher, il ne m'en vint aucun.

Dès lors, je ne me privais pas d'exploiter ces nouveaux pouvoirs. Torticolis, lumbago, vertiges, migraine… À la minute où ma main gauche commençait à gonfler, je savais qu'on allait me permettre d'absorber et d'expulser toutes ces douleurs et tous ces inconforts… jusqu'à une certaine limite. Dans le cas de maladies incurables, de situations tragiques, je m'éclipsais sur la pointe des pieds pour prendre directement rendez-vous avec les meilleurs toubibs qui puissent exister : les « médecins du ciel » – comme je les appelle –, ceux qui exaucent pratiquement toutes les prières de guérison.

Concrètement, je n'avais (et n'ai) rien d'autre à faire qu'écouter les histoires personnelles de chacun. Aucune concentration n'est exigée, pas besoin de se mettre en condition, de prendre des notes, de fermer les yeux, de rechercher le calme ou l'obscurité.

Dès que l'on me fait part d'un problème, que l'on m'interroge sur un sujet délicat ou une décision à prendre, l'information est instantanément délivrée tout en haut du monde sans même que j'en fasse la demande. Comme si j'étais une antenne relais permettant de recevoir et d'émettre un signal, ou un canal de transmission.

Généralement, je fais répéter au moins deux ou trois fois le demandeur, pour être certain d'avoir correctement saisi chacun de ses mots. Quelle que soit la nature de la sollicitation, la réponse du ciel arrive alors aussi sec, parfois en images, parfois en paroles. C'est tellement rapide que je n'ai même pas le temps de me poser des questions.

À partir de ce moment, ce n'est plus moi qui parle, ce n'est plus moi qui agis, je me contente de décrire ou de faire très précisément ce que l'on me montre ou ce que l'on me dit.

Je ne me suis, par exemple, jamais autorisé à apposer ma main gauche sur la nuque d'une personne ou à manipuler le dos d'une autre de mon propre chef, sans qu'on m'ait auparavant conduit à le faire et surtout expliqué comment le faire. J'aurais de même été bien incapable de répondre à des interrogations d'ordre médical ou d'annoncer la rémission d'une maladie sans les indications du ciel…

Le fait de ne jouer aucun rôle, hormis celui de vecteur, a l'avantage de me laisser librement apprécier le spectacle qui se joue devant moi.

Un spectacle qui en a abasourdi plus d'un et a causé toutes sortes de réactions. Sanglots, hébétude, égarement, rejet, étourdissement, confusion, effroi, éblouissement…

Une seule, me concernant : de la joie à l'état pur !

Dans 95 % des cas, les « médecins du ciel » envoient une réponse favorable. C'est-à-dire que 95 % des situations problématiques se résolvent, que des maladies régressent ou disparaissent spontanément, en particulier quand cela touche des enfants.

Il n'y a donc rien d'étonnant à ce que l'agnosticisme de certaines personnes s'en trouve ébranlé… Comment continuer à croire au néant quand le mot « impossible » est rayé de votre vocabulaire ?

Il reste donc environ 5 % d'insatisfaits, de malheureux, me direz-vous… 5 %, cela représente combien de personnes ? Une, cent, mille, dix mille ? Les chiffres ne reflètent pas les émotions ni les tragédies.

Quelle que soit l'importance de ce nombre, ces 5 % m'affectent profondément.

Par chance, le ciel ne m'abandonne jamais dans les moments difficiles.

Lorsque quelqu'un est tiré d'affaire, cela me procure un complet assouvissement moral. Je me sens repu, rassasié de bonheur. Mais, quand le pronostic est désastreux, quand la maladie ou, pire, la mort sont inévitables, on ne me laisse pas sans explications. À la manière des souffleurs de théâtre, le ciel m'aide à trouver les mots qui viendront apaiser les personnes souffrantes, épauler leurs proches et les guider sur le chemin de l'acceptation.

Un accompagnement qui m'est tout autant destiné puisqu'il n'est, évidemment, pas possible de rester de marbre face à de telles calamités.

Malgré tout, je ne m'insurge jamais contre ce que l'on me montre, et tente encore moins de changer le destin. Ce serait comme vouloir détourner un Boeing 747 sans avoir pris de cours de pilotage, or, je ne conduis pas l'avion gros porteur dans lequel nous avons tous embarqué, je fais juste partie de l'équipage. Un steward veillant au confort des passagers, mais demeurant sous la responsabilité du commandant de bord…

Les guérisons miraculeuses obtenues grâce à l'apposition de ma main gauche et grâce au ciel accélérèrent et amplifièrent le bouche-à-oreille – déjà bien développé – à la puissance dix, si bien que je fus très vite dépassé par l'ampleur du phénomène.

De la famille proche aux cousins éloignés, de mes amis d'enfance aux vagues connaissances, des dizaines et des dizaines d'inconnus se mirent à défiler chez moi.

Quand Michel Delpech commença à en parler autour de lui, ce fut au monde du spectacle de venir frapper à ma porte. Musicien, chanteur, humoriste, comédien, producteur, metteur en scène, romancier, présentateur, grand couturier... des personnages publics, de talent, qui me confièrent sans complexe leurs états d'âme.

Mon téléphone ne me laissait plus un moment de répit. On faisait des pieds et des mains pour me contacter, sur mon portable perso et même sur le pro, appelant de la campagne française ou en direct de la Maison-Blanche, à n'importe quelle heure du jour ou de la nuit.

Mise en accusation d'un président américain pour parjure et entrave à la justice ? Suspicion d'abus sexuels sur mineur pour le roi de la pop ? Suicide d'un Premier ministre du gouvernement français ? Toutes ces affaires, dites sensibles, tous ces dossiers confidentiels ou ces enquêtes policières qui piétinaient, poussaient les intéressés à faire appel à moi.

Certaines personnalités du monde politique ou du show-business allèrent jusqu'à me proposer un salaire pour que je demeure à leurs côtés à plein temps. Des hommes d'affaires, pourtant habitués à tenir les manettes de sociétés multinationales, des grands reporters, stylistes de haute couture, cadres dirigeants, entrepreneurs ne prenaient plus la moindre décision sans m'avoir consulté au préalable.

C'était de la pure folie...

Tous étaient prêts à parcourir des kilomètres, à m'envoyer un jet privé ou un hélicoptère, à m'offrir voyages, voitures, objets de luxe, pour que je leur donne mon avis... Et cela ne s'arrêtait pas là !

Conjointement à ces situations de crise et à ces coups durs du quotidien, on me demandait de retrouver un amour de jeunesse, d'entrer en contact avec un défunt, de résoudre des problèmes de cœur ou des petits tracas domestiques. Ces requêtes sans gravité étaient d'une totale futilité, mais la détresse qu'elles engendraient était impossible à ignorer…

Entre tous ces petits et ces grands malheurs, je ne savais plus où donner de la tête !

Énorme était la tentation de se laisser griser par cette soudaine attention dont j'étais le centre, de se croire indispensable ou surpuissant, et j'aurais facilement pu y succomber sans mon travail, sans la présence de ma famille et de mes amis qui me permettaient de garder un pied dans la réalité.

À la longue, la situation devint ingérable. Je ne manquais pas de forces, le ciel m'en donnait, je ne me sentais pas non plus en danger, le ciel me préservait. Mais les moments de calme que je réussissais, de temps à autre, à m'aménager, en allant marcher au bord de la mer ou en sortant m'aérer quelques minutes dans le jardin, ne suffisaient plus pour me vider la tête. Je lisais l'admiration dans les yeux de tous ces gens, j'entendais les supplications et l'attente dans leur voix, or, je n'étais ni ne voulais devenir un gourou ou un de ces maîtres spirituels dont les médias se faisaient parfois l'écho. Simple rapporteur, je n'avais pas vocation à prôner une doctrine religieuse ou philosophique, ni à fonder une nouvelle communauté hippie.

D'autant qu'il ne m'était humainement et matériellement pas possible de répondre à tous ces SOS. Chaque cas aurait mérité tout mon temps et toute mon attention, et quand bien même, je n'aurais jamais eu assez d'une vie entière pour y parvenir.

Il fallait impérativement ralentir la cadence, restreindre le nombre de sollicitations afin de mettre un frein à cette spirale frénétique… Plus facile à dire qu'à faire, dans la mesure où j'avais déjà du mal à choisir entre deux plats au restaurant ou entre deux couleurs de chemise dans un magasin ; j'allais avoir encore plus de difficulté à opposer un refus catégorique ou à claquer la porte au nez de tous ces gens.

Accoutumés à ma sempiternelle indécision, mes sœurs et Jeff prirent les choses en main, en usant d'un maximum de diplomatie. Il s'agissait de modérer les ardeurs de chacun, sans froisser quiconque ni rompre le lien cosmique dont je dépendais.

Un lien qui était devenu indispensable et même franchement vital.

Sans ce cordon ombilical unique en son genre, je n'aurais pu recevoir le bonheur et l'oxygène dont j'avais besoin pour vivre, ainsi que ma dose quotidienne de bonne humeur et d'optimisme.

Durant cette décennie 1990-2000 riche en émotions, j'appris par la force des choses à m'occuper des autres tout en me préservant, à donner la priorité aux blessures graves sans minimiser les petits bobos. Un travail de longue haleine qui allait m'aider à affronter l'épreuve qui m'attendait…

6

Le passage à l'an 2000 fut marqué par un rêve funeste dans lequel je vis mourir la personne à laquelle je tenais le plus. En janvier, après une nuit cauchemardesque, je sus que ma mère allait tomber gravement malade et qu'il ne lui resterait plus longtemps à vivre.

La valeur prophétique des songes n'est pas une légende. Même si une part d'entre eux traduit la réalisation d'un désir ou d'une phobie, le monde onirique constitue, à mon sens, un espace transitionnel entre le passé, le présent et le futur, aussi, je ne remercierai jamais assez le ciel de m'avoir préparé à sa disparition.

Cette femme était le pivot de mon existence. À la fois stricte et généreuse, coléreuse et tendre, ma mère avait toujours fait preuve d'une grande force mentale, surmontant son chagrin à la mort de son premier mari, alors qu'elle était enceinte de huit mois de Marcelle, puis au décès de mon père, quand elle se retrouva seule avec trois enfants à charge.

Capable de me menacer avec un martinet pour m'obliger à travailler, ma mère déploya une énergie hors du commun pour me soutenir et m'encourager à m'assumer.

Elle fut là, à mes côtés, à chaque étape de ma vie et de son évolution. Très tôt, elle sut qui j'étais et ce que j'allais devenir.

Il faut dire que les premiers signes l'avaient mise sur la voie.

À sept ans, j'affirmais avoir vu une silhouette habillée de bleu flottant au-dessus du sanctuaire de Notre-Dame-du-Laus ; à neuf, je devinais la couleur de n'importe quel objet les yeux fermés ; à dix, je développais une réaction épidermique face aux adultes chez qui je décelais du mensonge, de l'hypocrisie ou de la méchanceté – les poils de mes bras se hérissaient, je me figeais, fixais les imposteurs si longtemps d'un œil noir que cela en devenait impoli ; à treize, j'orientais ma sœur aînée dans ses révisions pour le concours du CREPS ; au collège, il me suffisait de prendre deux bouts de papier, sur lesquels j'écrivais respectivement « oui » et « non », et d'en piocher un au hasard pour savoir si j'allais être admis en classe supérieure ou si j'allais redoubler ; vers dix-huit ans, je donnais à l'avance à Marcelle l'ordre d'arrivée des équipes de natation synchronisée lors de ses compétitions.

De quoi mettre la puce à l'oreille…

Les voyantes chez qui ma mère m'entraîna ne firent que confirmer ses soupçons. En 1963, pour mes quinze ans, Germaine Lanteri, à qui j'avais nonchalamment annoncé savoir que l'homme sur la photo encadrée au mur n'était pas le père de son fils, prédit la fulgurante progression de mes capacités extrasensorielles. *« Ça commencera par un groupe d'amis, puis ça se propagera dans le monde entier. »* Sept ans plus tard, Irma Salmeron, qui lisait dans les flammes, prétendit avec humour avoir trouvé son successeur.

Bien intentionnée, courageuse, endurante, énergique, vaillante, Aline Testanière affichait en toute circonstance un visage digne et ne s'épanchait jamais sur ses malheurs. Une sainte, disait ma grand-mère. Je tiens d'elle ma coquetterie, ma gourmandise et mon côté soupe au lait.

Mon entourage était persuadé que je ne survivrais pas à son déclin.

« Avec moi, il ne peut rien t'arriver... » L'adage me paraissait moins infaillible qu'à l'époque de mon enfance.

Je redoutais la mort en général et celle de ma mère en particulier. Le départ prématuré de mon père m'avait laissé un arrière-goût amer indélébile. J'avais, depuis le temps, eu confirmation des véritables causes de son décès : à l'usure professionnelle était venue se greffer la nocivité d'un trop grand nombre de cigarettes. Des images avaient ressurgi dans mon esprit par saccades… Mon père nous filmant dans le jardin avec sa toute dernière caméra, la clope au bec ; mon père fumant dans le lit, au travail, dans le salon ; mon père s'effondrant de toute sa hauteur dans le couloir de la maison ; ma mère nous laissant seuls, Marcelle, Mireille et moi, pour aller chercher le docteur ; ma tante Mimi venant nous garder pendant que mon père se faisait opérer dans une clinique à Marseille…

Des bribes, grappillées de-ci de-là, qui me permirent, des années après, de reconstituer le puzzle.

L'âge de nos parents à leur mort détermine-t-il notre espérance de vie ? Mon père avait rendu l'âme à cinquante-trois ans, deux mois et dix-sept jours. Depuis, je n'avais cessé de me demander si je parviendrais à devenir plus vieux qu'il ne l'avait jamais été.

Quelle que soit la réponse, je savais d'ores et déjà que ma cinquante-troisième année ne me réserverait rien de bon. Peut-on échapper à son destin ?

On était à la fin de l'année 2000, j'avais donc cinquante-deux ans et demi. L'heure de vérité allait bientôt sonner… Tic-tac, tic-tac, tic-tac… le compte à rebours était lancé.

Au début de l'année 2001, soit un an après ce rêve glaçant, ma mère, très amoindrie, dut être hospitalisée en urgence. Sa pudeur, qui l'avait empêchée d'ébruiter le cancer des poumons de mon père, lui interdisait, à présent, de parler de sa propre maladie. Mais je n'étais pas dupe. Je la sentais s'éloigner chaque jour un peu plus, je voyais qu'elle était arrivée au crépuscule de sa vie. Or, je n'étais pas prêt…

Moi qui n'avais jamais désapprouvé ou contesté une seule information venant de là-haut, je m'entendis supplier le ciel de ne pas me prendre cette femme. De nouveau, j'étais ce gosse apeuré qui refuse de laisser partir ceux qu'il aime.

Les règles étant les mêmes pour tout le monde, il me fallut appliquer mes propres conseils, faire preuve de courage et de lucidité : le chemin de vie de ma mère s'arrêtait là, il était vain de vouloir s'y opposer.

Je m'en remis donc aux plus hautes instances, celles qui tirent discrètement les ficelles. À compter de ce moment, les heures devinrent des minutes et les minutes, des secondes…

Nous sachant, Marcelle, Mireille et moi, heureux et en bonne santé, ma mère, pour sa part, attendait la mort sans crainte. Elle l'appelait même chaque soir de toutes ses forces, en demandant au Grand Architecte de l'univers de venir la chercher. Il lui tardait de quitter ce monde violent et égoïste qu'elle ne reconnaissait plus et de s'abandonner à cette langueur qui l'attirait irrésistiblement vers un vide plein de promesses.

Chaque nuit, la réponse à sa question « *Quand vais-je partir ?* » lui parvenait à travers ceux qu'elle avait aimés et qui s'en étaient allés trop tôt. Parfois les hommes de sa vie, parfois sa propre mère ou ses amis. Tous tenaient le même discours, tous lui disaient de ne pas s'inquiéter, que tout était beau là-haut et que son tour viendrait bientôt.

Le jour où elle rêva que sa table en verre de Murano s'était brisée en deux, je sus que la fin était proche. Je la lui avais offerte à l'occasion de son soixantième anniversaire et elle y tenait tout particulièrement. Le 14 mars 2001, la clinique nous prévint de ses difficultés respiratoires. Son état s'était brusquement aggravé, alors que la veille encore elle montrait des signes d'amélioration, nous laissant même envisager une rémission. Mais c'était son dernier sursaut, l'éphémère regain d'énergie avant l'arrêt des fonctions vitales.

Je mis de côté notre retenue respective pour l'envelopper de mots doux avant qu'elle ne s'en aille. Des mots aussi légers que des baisers, chuchotés dans le creux de l'oreille, qui, je le savais, l'escorteraient jusque dans les étoiles.

Caroline Testanière, qui avait toujours préféré se faire appeler Aline, mourut dans sa quatre-vingt-deuxième année.

Sa vie ne fut qu'une suite ininterrompue de longues batailles. D'abord ses deux époux à pleurer, puis ses trois bouches à nourrir, leur avenir à assurer, et cet accident de voiture à l'âge de trente-trois ans qui l'avait grièvement blessée au genou… Sa pugnacité légendaire avait disparu, c'était le combat de trop, l'ultime, celui qu'elle ne mènerait pas.

Je ne tremblai, ni ne criai ni ne pleurai. J'étais trop terrassé pour ça… Le choc avait provoqué une déflagration si dévastatrice que mon corps se verrouilla de l'intérieur pour ne pas être désintégré.

J'allais devoir apprendre à vivre sans ma mère. Un effroyable constat auquel j'essayais de ne pas penser.

Ce que j'avais pressenti à la mort de mon père s'était donc indirectement réalisé, puisque ma mère partit l'année de mes cinquante-trois ans.

Le temps suspendit sa course ce 14 mars, annihilant le sens même du mot « futur ». Son absence, si cruelle, rendit ma tristesse abyssale, insurmontable.

D'elle, je garderai l'image d'une battante, d'une matriarche économe et déterminée, celle d'une princesse sans chevalier, d'une croyante dévouée qui ne renia jamais ses convictions. Je me rappellerai la femme qui allait chez le coiffeur chaque fois que je lui annonçais ma visite, celle qui m'avait vu me replonger dans des cahiers d'écolier avant que ça n'arrive et qui m'avait – qui sait ? – transmis un peu de son intuition.

Il est déchirant de voir la vie de ceux que l'on aime filer ainsi entre les doigts, mais même si ses derniers instants avaient été insoutenables, je voulais les conserver intacts pour le restant de mes jours. L'exacte intonation de sa voix, ses ultimes recommandations, le contact de mes lèvres sur son front, l'épuisement de son souffle et l'affaiblissement de son cœur. Pour cela, j'allais devoir figer ma peine telle qu'elle était au moment de sa mort, quitte à la raviver encore et encore…

Me voyant à ce point anéanti et coupé du monde, Marcelle, l'aînée fiable et rigoureuse qui avait secondé notre mère au départ de papa, reprit son rôle de pilier central pour me venir en aide, tandis que Mireille, discrète et réservée, me consola sans modération.

Après les obsèques, je courus me réfugier dans un lieu saint. Je connaissais les bienfaits des pèlerinages pour m'être souvent rendu à San Damiano, en Italie, et au Fréchou, dans le Lot-et-Garonne, sans compter les nombreuses retraites à Notre-Dame-du-Laus, près de Gap. D'ordinaire, j'y allais pour m'imprégner de la ferveur ambiante, pour libérer mes pensées, fuir le superflu et goûter au silence, mais cette fois-ci, je venais pour extérioriser mes tourments.

Dans la petite église de San Damiano, en Lombardie, les dorures, les lustres, les boiseries, le marbre et les mosaïques avaient été apposés en toute discrétion, faisant la part belle au calme et facilitant le recueillement.

Toutes sortes de personnes s'y croisaient. Celles venues quémander une guérison de l'âme ou du corps, celles venues chercher la paix, des réponses.

« Seigneur, bénissez-moi, accordez-moi le pardon, donnez-moi la santé, un travail, un enfant... »

En fermant les yeux et en laissant l'écho de ces suppliques résonner en soi, il était facile d'entrer dans un état méditatif.

Juché sur un des bancs de prière patinés par tant d'adossements et d'assises, j'avais laissé la douleur venir jusqu'à moi, investir chaque centimètre carré de mon corps, brûler ma cervelle, poignarder mon cœur et me rouer de coups jusqu'à me faire tomber par terre. C'est là, sur le sol poussiéreux du sanctuaire, recroquevillé sur moi-même et grelottant tel un oiseau blessé, que j'autorisai toute la détresse accumulée au cours des derniers mois à jaillir dans un violent torrent de larmes. Ainsi libérées, mes émotions partirent en tous sens, comme d'incontrôlables feux follets, incandescentes et fugaces.

Pendant que la froideur des dalles me pénétrait jusqu'aux os, une énergie ardente vint soudainement m'envahir, faisant grimper ma température d'un ou deux degrés supplémentaires. Son intensité était comparable à la chaleur qui avait émané du corps de ma mère quand celle-ci avait abandonné son enveloppe terrestre. Était-il possible que… ?

Quand je sentis un voile de soie me recouvrir comme une caresse, je compris que ma mère était là, tout autour de moi ! Son esprit planait dans l'atmosphère tel un doux parfum. Celui de mon enfance, des sucreries achetées sur le chemin de l'école, des anniversaires en famille, des vacances sur la Riviera en caravane de Menton à Pise en passant par Gênes, puis Milan, Padoue, Venise. Et je pus presque l'entendre me dire de ne pas pleurer. *« Tout ira bien, Jean, tout ira bien… »*

Cette énergie céleste, dense et aérienne, ne guérit pas mon chagrin, mais elle l'adoucit momentanément.

Après cela, ma mère passa par une personne de confiance pour se faire entendre. J'eus beau appeler son esprit de tout mon cœur, Mme Damour, notre voisine, fut, à notre grande surprise à tous les deux, sa seule et unique interlocutrice.

Elle avait sonné chez moi un matin de mai, avec son air revêche et sa robe de chambre rose bonbon, bafouillant qu'il était arrivé quelque chose d'extraordinaire, que je n'allais sûrement pas la croire, mais qu'elle avait très distinctement entendu la voix de ma mère à son réveil.

Je n'avais pas eu besoin d'en savoir plus pour ouvrir la porte en grand et lui proposer de tout me raconter devant un café.

Et non, Mme Damour n'avait pas été victime d'hallucinations, c'est effectivement la voix de ma mère qui s'était élevée dans sa chambre de bon matin pour délivrer une injonction : *« Il faut que Jean arrête de se culpabiliser ! »*

Jean ? La retraitée était aussitôt venue me transmettre ce message, sans se douter qu'Aline Testanière serait de retour le lendemain, le surlendemain et les jours suivants, parfois même de manière très pressante.

Les déclarations de ma mère furent toutes d'une opportunité et d'une précision confondantes. Certaines correspondaient si bien à sa personnalité que c'en était presque comique : *« Dites à Jean de prendre soin de ses cheveux, il devrait faire un traitement antichute ! » « Demandez à Jean s'il me cherche toujours dès qu'il rentre à la maison, si je lui manque. » « Levez-vous ! Levez-vous, madame Damour ! Je suis là pour vous dire que je ne supporte plus de voir ma chambre se transformer en musée ! Mon fils doit se débarrasser de tous mes vêtements... autrement, je viendrai les brûler ! Quant à mes cendres, qu'il en garde une partie, puis qu'il dépose le reste auprès de mon défunt mari, Julien. »*

Une fois, je me fis sermonner, alors que je venais d'acquérir une voiture de collection : *« Qu'est-ce qui lui a pris d'acheter ce vieux tas de ferraille ? »* La semaine d'après, elle me remit copieusement à ma place : *« Il faudrait qu'il arrête de m'encenser comme ça en permanence, je ne suis pas une sainte ! »*

Ces dialogues d'outre-tombe auraient pu en déconcerter plus d'un, mais je n'étais pas de ceux-là. Tout ce qui arrivait d'ailleurs m'était, à la longue, devenu familier. Quelquefois, je ne faisais même plus le distinguo entre les voix *in* et les voix *off*, entre le concret et l'abstrait, entre mon propre raisonnement et ce que l'on me dictait.

C'est donc avec une fébrile impatience que j'attendais les visites quasi hebdomadaires de Mme Damour, des moments bonus entre une mère et son fils, auxquels j'étais devenu accro.

Le 14 septembre de la même année, cela faisait six mois jour pour jour qu'Aline Testanière avait quitté ce monde. Six mois... autant dire une éternité ! Le calendrier grégorien a beau n'être qu'un indicateur temporel créé par et pour l'être humain, les dates n'en sont pas moins des repères ayant le pouvoir de mettre en joie ou d'attrister.

Le soir de ce douloureux semi-anniversaire, un ami m'avait gentiment invité au restaurant pour me changer les idées, mais la bonne humeur n'étant pas au rendez-vous, j'étais rentré me coucher sitôt le dîner terminé. Malgré ce rêve récent qui m'avait laissé croire à d'imminentes retrouvailles, ma mère ne m'était toujours pas apparue et mes espoirs commençaient à faiblir. Était-il vain de l'attendre ? Ce songe n'était-il que la matérialisation d'un désir inassouvi ?

Les propos rapportés par Mme Damour ne me suffisaient plus. Je n'avais plus goût à rien, je me languissais de revoir ma mère au point de considérer n'importe quel signe comme annonciateur.

Chaque fois que je suis chez moi et que la coupole étoilée s'apprête à me livrer une information, un rituel se met mécaniquement en marche : je sors de mon lit, je descends l'escalier, bois un grand verre d'eau, puis je remonte dans ma chambre pour sortir à nouveau du lit, et ainsi de suite jusqu'à ce que le message me parvienne... Le soir du 14 septembre 2001, après avoir effectué mes traditionnels va-et-vient et être revenu dans ma chambre, j'entendis une voix dans mon dos :

« Jean... tourne-toi, n'aie pas peur... C'est moi ! »

Après un laps de temps très court, j'avais pivoté sur mes talons en retenant ma respiration. Était-ce un mirage ? Mon cerveau était-il en train de créer de toutes pièces cette illusion en désespoir de cause ?

Point du tout. Ma mère était bien là, devant moi. Elle portait un haut noir, avait les cheveux relevés et paraissait dix ans de moins.

Beaucoup de personnes se seraient demandé si elles n'avaient pas la berlue ou si elles ne perdaient pas la boule. Moi, non…

« Fais vite, mon fils... fais vite... ça ne va pas durer. »

Faire vite… Cette phrase mit un temps fou à atteindre mon hémisphère gauche. La stupéfaction de revoir ma mère, là, face à moi, presque vivante, avait ralenti mon temps de réaction. Tout se mélangeait dans ma tête. Extase, frisson, désarroi… Je passais du chaud au froid, puis du froid au chaud en un dixième de seconde, j'avais à la fois la chair de poule et les mains moites, je sentais mes muscles trembler et se crisper l'instant d'après.

« Dépêche-toi de me poser des questions, fais vite, tu traînes... cela ne va pas durer... Tu peux me toucher, je suis telle que tu m'as quittée ! »

Mais j'étais bien trop pétrifié pour esquisser le moindre geste ou pour parler. Je ne voulais surtout rien tenter qui puisse rompre le charme. Ma maman, qui n'était plus de ce monde, se tenait maintenant debout, à un mètre de moi, et elle était radieuse.

L'instant était divinement beau…

Après la phase de sidération vint le temps de l'analyse. Mon cerveau tournait à plein régime. Est-ce que je pouvais réellement lui adresser la parole ? Combien de temps allait-elle pouvoir rester ? Est-ce que j'allais la revoir ?…

Aline me fit comprendre à demi-mot qu'elle avait transgressé des interdits pour me rejoindre. Des insinuations qui me rappelèrent celles de Patrick, le fils de Mme Forbin. Elle non plus n'aurait pas dû être là, elle aussi s'était donné beaucoup de mal pour venir me voir…

Alors l'urgence me sauta aux yeux. Si je ne réagissais pas dans la seconde, j'allais laisser passer peut-être la seule et unique occasion de pouvoir reparler à ma mère.

Dans un éclair de lucidité tardif, je parvins à rassembler mes forces.

Les jambes en coton, le souffle court, les sons peinèrent à se frayer un chemin dans ma gorge, mais un mince filet d'air finit par en sortir.

« Maman… est-ce que tu es bien là où tu es ? »

La réponse fusa, énergique.

« Oui… je suis bien.

— Est-ce que tu es avec papa ? »

Il y eut un blanc, puis Aline reprit :

« Non, il est dans la nuit… Pose-moi une autre question… mais fais vite !

— Je vais te revoir ? »

Impossible d'en savoir plus, car elle s'éclipsa sur des paroles aussi alarmantes que décalées concernant une prétendue guerre en Asie. Un surprenant hors-sujet à mille lieues de ce que l'on se disait.

Intrigué par ses derniers mots, j'étais resté un moment immobile, proche de l'engourdissement, avant de prendre conscience de ce dont j'avais été témoin. Ma mère était venue en dépit des règles, de *leurs* règles, elle avait bravé les obstacles pour me rassurer, me conforter. Pourquoi ? Parce qu'elle avait capté mon agonie de là où elle était et qu'elle me savait malheureux comme les pierres…

Durant ces quelques secondes surréalistes, tout était redevenu comme avant, et cela m'avait fait un bien fou de la revoir telle qu'elle était ! Ses yeux avaient conservé cette teinte vert-de-gris minérale, son accent chantant m'avait redonné le sourire et elle avait fait montre d'une autorité bienveillante comme à l'accoutumée… Ma mère, dans toute sa splendeur !

Cette prodigieuse apparition m'apporta la force de me rouvrir au monde et de réintégrer la maison familiale, désertée depuis son décès. J'avais, jusque-là, été hébergé à tour de rôle par mes sœurs, qui avaient déployé des trésors infinis de tendresse pour me choyer, alors que leur peine était tout aussi destructrice que la mienne.

Ce fut la dernière fois que je vis ma mère de mes propres yeux, une scène digne du film *Ghost*, dont je mémorisai scrupuleusement chaque seconde et chaque mot échangé. Par la suite, elle n'intervint plus physiquement, mais continua de m'envoyer des signes d'une manière détournée. En faisant par exemple tinter un carillon hors service, en faisant virevolter un ruban dans les airs pour en former un cœur, ou en laissant planer au petit matin les effluves de son parfum après une visite nocturne dans notre maison.

Je recevais alors une immense dose d'amour qui m'emplissait d'une énergie nouvelle. Pour paraphraser une citation humoristique, je dirais que je n'ai jamais aussi bien connu ma mère que depuis sa mort !

Après cela, des centaines d'autres disparus vinrent, à leur tour, à ma rencontre.

Toujours de leur propre initiative. À aucun moment je n'ai cherché à leur parler, ni ne les ai invoqués ou appelés.

Ce sont eux qui débarquent à l'improviste. Des invités surprises que j'ai plaisir à accueillir, à qui j'accorde tout mon temps et que je n'interromps jamais.

S'il m'est arrivé, à plusieurs reprises, de leur poser une question, c'est uniquement parce qu'ils m'avaient incité à le faire.

Dire que je m'y suis habitué serait un bien grand mot, étant donné que les sensations sont toujours aussi fortes. Disons qu'avec les années je me sens plus à l'aise.

C'est comme rejouer une pièce de théâtre pour la énième fois. Le rôle reste le même, les attentes du metteur en scène aussi, seul le public est différent.

7

Certains jours, je ressens seulement leur présence, à d'autres moments, je les entends parler ou les vois poser la main sur l'épaule de leur frère, enlacer leur épouse, dessiner un croquis ou tracer l'initiale d'un prénom.

Ces femmes et ces hommes disparus, de tout âge, qui communiquent avec moi, verbalement ou par la pensée, m'ont permis de me faire une idée plus claire du monde d'en haut.

C'est presque toujours le même cérémonial : ils restent juste un instant, se hâtent de transmettre leur message comme s'ils étaient limités par le temps.

Après moult observations, je suis en mesure d'affirmer que les personnes ayant récemment perdu la vie doivent attendre, d'une part, d'avoir suffisamment de force pour se manifester et, d'autre part, qu'on leur en donne l'autorisation. Si elles passent outre à ces recommandations, elles courent alors le risque de devoir écourter les échanges.

Ce fut le cas pour ma mère, qui avait dû « s'appuyer » sur des morts de plus longue date pour venir me parler. Ces « aînés », qui m'étaient apparus sous une forme évanescente vaguement oblongue s'apparentant à des gouttes d'eau ou des petits parachutes translucides, prêtent main-forte aux « nouveaux arrivants », à la manière d'un tuteur ou d'un parrain, en leur transférant un peu de leur force.

Cet ailleurs, inaccessible et pourtant si proche, est donc soumis à des règles, une organisation. Les hommes, les femmes et les enfants qui y séjournent ont des missions à accomplir, des tests à passer pour mesurer leur niveau de complaisance et mettre à l'épreuve leur vertu, ils ont aussi la possibilité d'évoluer, de se bonifier et d'acquérir de la force avec le temps.

Concernant leur apparence, l'image qu'ils me renvoient est en couleurs, plus ou moins nette et bien souvent tronquée à partir de la taille. Ils viennent à moi toujours souriants et plus jeunes qu'au moment du décès, comme s'ils avaient choisi un portrait avantageux dans l'album photo de leur vie.

Leurs indications se rapportent souvent à l'enfance. Ils citent des noms, mentionnent des dates, reviennent sur des périodes spécifiques de leur histoire.

Lorsque je suis avec un ami ou un membre de leur famille, les personnes décédées me fournissent une profusion de détails de manière à convaincre leurs proches et de ma bonne foi et de leur présence.

Cela peut porter sur un souvenir, leur ancien métier, la couleur d'une veste, un bijou ou le nom d'un animal de compagnie.

Il arrive aussi que ces spectres interfèrent au milieu d'une discussion pour s'entretenir avec celle ou celui qui est à mes côtés. Ces intrusions sont extrêmement rares et, a fortiori, très impressionnantes.

C'est ce qui se passa avec Patrick, le fils de Mme Forbin. Quand celui-ci apprit que l'ex-mari de sa chère maman l'importunait, il attendit que je sois avec sa mère pour me faire dire qu'elle ne devait pas s'inquiéter, car il allait lui envoyer un nouveau compagnon s'appelant Angelo. Six mois plus tard, un charmant papi portant ce prénom entra effectivement dans la vie de Mme Forbin…

Même topo avec Antoine, un jeune homme qui se présenta virtuellement sans crier gare il y a quelques années, alors que j'étais en pleine conversation téléphonique avec un ami. *« Je suis Antoine. Je ne suis pas mort le 8, mais le 7 février. »* Antoine me parla à nouveau le lendemain et les jours d'après. Il voulait que j'explique son geste suicidaire à sa famille pour qu'ils comprennent son mal-être, il souhaitait aussi me faire part de ses dernières volontés, notamment du centre d'aide aux enfants psychotiques qu'il aurait tant aimé ouvrir.

Toutes ces prises de parole spontanées sont la preuve, si besoin était, que les messages de l'au-delà sont toujours remplis d'amour.

Grâce à ces confidences post mortem et à mes propres réflexions, je sais que ceux qui montent au ciel ne souffrent plus. Pour autant, s'ils sont soulagés de quitter la terre et de se dégager de tout ce qui les blesse ou les encombre, cela ne veut pas dire qu'ils se réjouissent de nous laisser ici ou qu'ils arrêtent d'un seul coup de nous aimer, ça non ! Les liens d'amour ou d'amitié que nous avons tissés perdurent par-delà la mort.

Soyons sûrs d'une chose : ce n'est pas parce qu'on ne les voit plus qu'ils n'existent plus. Les défunts n'ont pas cessé de vivre, ils ont simplement changé d'apparence et de lieu.

Le fait est qu'ils ne sont jamais loin. Leur monde est parallèle au nôtre, leur rythme de vie suit le nôtre. Ils nous surplombent, se fondent dans les particules de l'air.

Eux, en revanche, continuent de nous voir et de nous entendre, tout en respectant notre intimité. Ils sont réceptifs à nos pensées, savent quand nous faisons appel à eux et peuvent répondre à nos interrogations.

La mère de Leilla avait tenté de le faire comprendre à sa fille en lui disant qu'il ne servait à rien d'aller se recueillir sur sa tombe, puisqu'elle n'y était pas. Son corps y repose, mais son âme se déplace sans limite de temps ni d'espace.

Tous ces êtres que nous avons chéris nous guident et veillent en permanence sur nous. Au détail près que leur niveau de protection dépend de leurs antécédents, de leur vécu. Les cœurs de pierre, ceux qui n'ont jamais tendu la main, auront plus de mal à soutenir leur famille, ceux qui ont sciemment mis fin à leurs jours aussi. Les bonnes âmes, celles qui ont montré de la compassion et de la générosité, en allant régulièrement vers les autres, le feront plus aisément. Dans tous les cas, même si leurs moyens d'action sont limités ou si la fatalité qui nous touche de plein fouet est difficile à contourner, nos invisibles protecteurs ne baissent jamais les bras et s'évertuent à nous prêter main-forte.

Leur potentiel ne s'arrête pas là. Les prévisions de Patrick concernant le futur petit ami de sa mère (le fameux Angelo) ou l'avertissement de la mienne au sujet d'une guerre en Asie, suivi, un mois plus tard, par des frappes militaires américaines en Afghanistan, laissent tous deux entendre que ces êtres incorporels sont capables d'entrevoir l'avenir…

Ils peuvent également produire des interférences avec des appareils électriques pour signaler leur présence. Court-circuit, coupure de courant, variation d'intensité d'une ampoule… les exemples ne manquent pas.

Après avoir retrouvé sa grand-mère maternelle en Algérie et être rentrée chez elle, Leilla avait eu la surprise d'entendre la hotte aspirante de sa cuisine se mettre en marche de façon intempestive au milieu de la nuit, et ce, dix soirs de suite. Dans le même registre, elle avait aussi dû aussi aller éteindre le lecteur CD de sa fille, qui s'était tout à coup allumé alors que cette dernière était à l'école, diffusant un air de flûte traversière dans toute la maison.

D'aucuns n'y verront que de simples bogues ou dysfonctionnements, mais ceux-là manquent cruellement de finesse et de subtilité, ils ne sauront jamais différencier la face éclairée de Mona Lisa de sa face sombre, ni remarquer que la commissure de ses lèvres est plus haute à droite qu'à gauche.

Il va de soi que leurs besoins physiologiques ne sont plus les mêmes. Manger, boire et dormir leur est étranger. *« On se nourrit différemment et il y a beaucoup d'étoiles »*, m'avait dit la mère d'une amie après s'être éteinte.

Pour accéder à la lumière et être totalement dégagées des défauts et des vices accumulés sur terre (du commérage malveillant au comportement le plus répréhensible), les personnes défuntes doivent entreprendre une ascension. C'est la finalité de chaque histoire, le but suprême, ce vers quoi nous tendons tous. Une sorte de grand nettoyage, une introspection générale, un pas après l'autre sur le chemin de la vérité.

Si nos mots, nos prières, sont autant de soutiens qui leur permettent de prendre leur « envol », nos sanglots entravent leur évolution, car ils les ramènent vers nous. Quand ils nous sentent soucieux, les esprits « descendent », quand nous sommes calmes, ils « remontent ».

Dès lors, il est essentiel de penser à eux sans pleurer… Cela va à l'encontre de notre douleur, ça relève même de l'impossible, de la torture psychologique, mais il nous faut essayer de nous faire violence et de retenir nos larmes. Pour nous y aider, nous devons effacer de notre mémoire cette vision de corps immobiles enfermés dans un cercueil et les imaginer entourés d'amour, de paix, d'amis et de proches qu'ils ont retrouvés. Ils sont dans un monde pur, scintillant, où l'atmosphère est douce, tempérée, et où ils ne sont jamais seuls, une main se tenant en permanence derrière eux en signe d'apaisement.

Le parcours ascensionnel qui les attend est donc fonction de la vie menée sur terre. Plus leur conduite passée est condamnable, plus le chemin à gravir sera tortueux et obstrué. Les cas les plus défavorables entament un pénible voyage, une interminable errance dans un labyrinthe obscur, au bout duquel il y a, malgré tout, presque toujours une issue.

L'accès à la lumière se fait par paliers successifs. À chaque effort consenti pour s'améliorer, on monte d'un « étage ». La luminosité se fait alors plus vive et plus éclatante, et on gagne en sérénité. On ne peut atteindre le plus haut degré de pureté, une plénitude absolue, la lumière des lumières, qu'en ayant réparé tous ses torts, en ayant purgé l'intégralité de son passif. La progression doit donc se poursuivre tant que le mal n'est pas entièrement expié.

Plusieurs cycles de vie sont nécessaires pour y parvenir.

La séance sous hypnose à laquelle je m'étais prêté, en 1994, pour explorer les différentes strates de mon inconscient illustre parfaitement ce concept…

« Où êtes-vous ?… Sentez… Y a-t-il du monde autour de vous ?

— Je vois quelqu'un habillé de blanc... Je marche, je marche, je marche. C'est des dunes, c'est du sable. Je marche, je marche... Il y a des lumières...

— Est-ce que vous vous sentez bien ?

— Je vois... mais je ne sais pas si c'est une mission... je vois des clefs, des clefs...

— Des clefs ?

— Oui, je sens quelque chose... Je vois des clefs, l'image d'un saint. Il y a du sable... je ne sais pas où je vais... je suis loin... je ne sais pas où je vais...

— Est-ce que vous vous sentez perdu ?

— Un petit peu... un petit peu...

— Est-ce que cela vous gêne ?

— Je voudrais savoir où je vais. C'est tracé, mais j'ignore où je vais. Je sais qu'il y a quelqu'un à côté de moi, mais je ne sais pas qui c'est... il est habillé comme les Touaregs... Je me sens seul, je suis fatigué.

— Prenez du recul, ce n'est qu'un simple exercice de mémoire. Mettez-vous en état d'observateur, prenez du recul...

— Je suis trop seul... c'est pénible, c'est pénible...

— Vous êtes trop seul ?... Pourquoi est-ce pénible ?

— On me demande quelque chose... Je ne peux pas, je ne peux pas.

— Qu'est-ce qu'on vous demande ?... Sentez, percevez...

— De partir, de trouver le chemin de la lumière... Je ne la trouve pas, je ne la trouve pas...

— Qui vous demande de partir ?

— C'est un être céleste... je ne sais pas... Je marche, c'est comme le Sahara... c'est dur...

— Est-ce que vous vous ressentez physiquement ?

— Je me vois sans me voir... On dirait que l'on me guide...

— On vous guide ?

— C'est une mission... je ne sais pas, je ne peux pas, c'est dur et beau à la fois... Il y a des clefs... je ne sais pas... Oui. Je vois saint Pierre et quatre ou cinq clefs... je ne sais pas pourquoi. C'est tellement beau !... Je marche, je marche. Je suis seul, trop seul... la route est longue...

— Oui, détendez-vous, prenez du recul. Il n'est pas utile de sentir la douleur ou la détresse. Prenez du recul. Nous allons nous éloigner de cette situation et avancer un petit peu dans le temps. Que voyez-vous ?

— Un point d'eau... comme une oasis.

— Très bien. Maintenant, écoutez, sentez, percevez.

— C'est une oasis dans le désert.

— Dans le désert ? Êtes-vous seul ?

— Oui... ou peut-être l'ombre de quelqu'un à mes côtés...

— Vous sentez une présence à côté de vous ?

— Je suis assis au bord de ce point d'eau... J'entends quelqu'un qui m'appelle... je ne sais pas, j'observe... je me sens seul... C'est rose, ovale, il y a de la végétation, des plantes vertes qui tournent, comme des palmiers... et du sable. C'est loin, très loin... toutes ces quatre ou cinq clefs... On dirait saint Pierre... Oh... et cette clef que j'ai achetée là...

— Vous avez acheté une clef ?

— Il n'y a pas longtemps, et je revois ces clefs dans le futur... Je me sens seul, pourquoi ? Je me sens comme si on me quittait.

— Comme si on vous quittait ?

— Je sens une présence, quelqu'un que j'aime. C'est un homme, il a une moustache...

— Cet homme est-il près de vous ? Est-ce un ami ?

— Oui, oui. Comme un prêtre... il ressemble à quelqu'un que je connais, quelqu'un de bien, qui me regarde, m'observe. Il me communique de l'affection.

— Est-ce qu'il vous donne des explications ?

— Pas du tout, il me soulage, il me fait l'effet d'un prêtre que je connais. Pourtant, ce n'est peut-être pas lui... Il a un truc, comme les Touaregs ou les orthodoxes. Il est près de moi, il m'attrape par l'épaule... je me sens tellement mieux...

— Vous voyez toujours le point d'eau ? Sentez, percevez... vous voyez votre visage ?

— Je me vois... je suis avec Gérard, pourtant, celui qui est à côté de moi n'est pas Gérard. J'ai envie de marcher.

— Vous savez où vous devez aller ?

— Non, non, non... Il y a cette statue, avec ces yeux. C'est peut-être saint Pierre, je ne sais pas... Elle est forte, cette statue, comme le colosse de Rhodes. Je marche, je marche... je mets des chaînes... je m'envole, je m'envole... Ce que je suis bien... Je suis dans un avion, je suis bien...

— Vous êtes dans un avion ?

— Oui... Il est en l'air. Je suis bien, je vole, je vole...

— C'est vous qui pilotez l'avion ?

— Je ne sais pas... On dirait que c'est moi. Il y a toujours ces collègues à côté de moi... Je sens que je vais tomber, je vais tomber...

— Vous allez vous écraser ?

— Oh oui !... Et pourtant, je ris...

— Vous n'avez pas peur ?

— Non, je me suis posé.

— Vous ne vous êtes pas écrasé ?

— Non.

— Cet avion, il est de quelle époque ?

— Genre Breguet XIV... Comme les trucs de Mermoz...

— Vous aimez voler ?

— J'adore l'espace, j'adore l'air... Gérard, il est derrière...

— Gérard est derrière vous ?

— Oui... On est soudés, comme des frères... Il rigole... l'avion, je le maîtrise...

— Pourquoi cela vous amuse tant ?

— Parce que je maîtrise tout. On me fait confiance, je fais ce que je veux, je peux me poser où je veux.

— Est-ce votre travail, de piloter ? Qu'est-ce que vous faites exactement ?

— Oh là là... Je dirige tout, je prends l'avion, je suis entouré, je vis bien... J'ai une vie, des gens, c'est bien... je suis heureux... Je suis dans une atmosphère sympathique, pourtant je suis seul, même si j'ai toujours ce collègue à côté de moi, qui est mon frère, mon ami. Il a confiance en moi, il sait que tout me réussit ; je n'ai qu'à claquer des doigts, tout m'arrive. J'ai cette puissance au-dessus de moi, j'ai des clefs...

— Vous êtes adulé ?

— Je n'en profite pas... Cette lumière, je veux faire du bien, rendre les gens heureux.

— Que faites-vous pour qu'ils soient heureux ?

— Je les calme, je les relaxe... Je vois sur eux, je vois ce truc, comme s'il y avait ce transfert... Gratuitement... On me dit de faire ça.

— Vous les calmez de quelle manière ? Est-ce que vous avez des pouvoirs au niveau des mains ?

— Oui, rien qu'en les apposant... comme ça... et ça y est, l'horizon se dessine... Et je vois, je dis... Je pourrais

avoir toutes les plus belles femmes du monde, je m'en fous... Je n'appartiens à rien, j'appartiens à lui, là-haut. Il faut que je sois là, on me dit, je fais... Gérard est calme, tranquille, il est serein, il rigole.

— Vous sentez que Gérard a confiance en vous ?

— Il est collé à moi... faut pas qu'il ait peur, car maintenant, il sait qu'il est tranquille.

— Pourquoi sait-il cela ?

— Je suis là, je suis là... Et demain, si je décide d'avoir une femme, je ne le laisserai pas tomber.

— Vous voudriez avoir une femme auprès de vous ?

— Qui danse, qui danse comme au temps des pharaons... Mais je ne peux pas, j'ai cette mission.

— Pourquoi vous ne pouvez pas ?

— Parce que Gérard a besoin de moi pour être bien...

— Mais cela ne vous empêche pas d'avoir une vie...

— Normale... normale... Mais ça ne fait rien, je suis entouré, j'ai tout ce que je veux...

— Alors, maintenant, nous allons quitter cela et avancer un petit peu dans le temps. Nous allons nous déplacer quelques années plus tard, jusqu'à un événement que vous avez besoin de connaître. Sentez, percevez... où êtes-vous ?

— Il y a un grand palais, avec des gens religieux. Il y a toujours cet homme qui ressemble à un prêtre orthodoxe, il y a des mausolées, c'est beau. Je sens tous mes amis, ils sont tous là... à vénérer quelqu'un. On y est tous, c'est beau, c'est divin. C'est un palais, c'est beau... je suis bien...

— Où vous trouvez-vous ?

— Je ne connais pas l'endroit... C'est une atmosphère de vénération... Il y a un gros bouddha, je ne sais pas ce que c'est...

— Il y a des gens autour de vous ?... Des esprits ?

— Oui, des gens comme moi. On flotte... on flotte...

— Est-ce que c'est un endroit clos ?

— Non, l'espace... Il y a la mer en bas, je flotte dans l'air... On me montre l'image du Christ et des statues... C'est beau... Je comprends que j'appartiens à là-haut.

— Comment est-ce, là où vous êtes ? Est-ce que vous connaissez vos engagements ?

— La grâce... l'aide... l'amour... la fraternité... et l'obéissance.

— Alors, maintenant, nous allons laisser cela et nous tourner vers une autre incarnation. Sentez, ressentez, percevez... »

Cette séance d'hypnose décousue (mais peut-être l'étaient-elles toutes ?) permit, dans son ensemble, de mettre en évidence pas moins de cinq vies antérieures. Elle souleva aussi quantité de questions : que symbolisaient ces clefs ? Quelle était ma mission ? Le Gérard mentionné avait-il un rapport avec celui de La Seyne-sur-Mer ? Et tant d'autres auxquelles je n'aurais su répondre…

Les multiples régressions dont j'avais fait mention allaient dans le sens de la théorie d'un éternel recommencement. Cette expérience, corroborée par les témoignages célestes, montrait que l'existence d'un être humain ne se limitait pas à la durée de son passage sur cette planète, elle était beaucoup plus complexe, car elle comprenait une alternance de périodes terrestres et astrales.

La mort n'est pas une fin. C'est l'une des premières vérités qui me furent confiées.

Mais pourquoi sonder le passé, pourquoi explorer nos vies antérieures ?

Nous sommes plusieurs personnes dans un seul et même corps. C'est en discernant toutes les identités qui nous composent que nous apprendrons à mieux nous connaître, à ne plus reproduire les mêmes erreurs et à nous améliorer.

Pour savoir qui nous sommes vraiment, nous devons d'abord savoir qui nous avons été et ce que nous avons fait dans nos précédentes existences. D'où l'intérêt de l'hypnose.

« Un homme est la somme de ses actes, de ce qu'il fait, de ce qu'il peut faire », avait écrit André Malraux.

Comprendre sa propre personnalité, reconnaître ses qualités et ses défauts, est donc la première étape de ce périlleux exercice qu'est l'autocritique. Une fois cette étape franchie, on peut se poser la question suivante : comment gommer nos travers ?

Chacune de nos actions a des répercussions à court et moyen termes, mais également à plus longue échéance. Quand nous quittons la terre, nous charrions la somme de nos bonnes et de nos mauvaises actions dans un sac à dos plus ou moins lourd et plus ou moins volumineux selon les individus. Pour alléger ce bagage, il est essentiel de réparer nos erreurs.

Et d'après ce que j'ai vu, il ne faut pas attendre le trépas pour s'atteler à la tâche !

C'est ici, en ce bas monde, que les hommes doivent tenter de racheter leurs péchés, on me l'a assez répété.

Reste à savoir comment s'y prendre. Suffit-il de faire amende honorable, comme certaines religions le sous-entendent ?

La mort a pris diverses significations selon les civilisations, les époques et les lieux. Mutation ou changement d'état en Mésopotamie, sacrifice chez les Aztèques, résurrection chez les Amérindiens ou les Inuits, passage dans un monde souterrain pour les Grecs… Les dé-funts, *defunctus*, ceux qui sont déchargés (*de*) de leur fonction (*functus*), qui se sont acquittés, qui ont accompli leur vie, furent, au fil des siècles, embaumés, brûlés, inhumés, immergés en mer ou donnés aux vautours. Il n'est pas rare de retrouver les notions de passage, de long voyage ou d'état transitoire dans ces différentes cultures, et j'y adhère totalement.

Là où le bât blesse, c'est lorsque les Saintes Écritures prétendent qu'il suffit d'avouer ses fautes pour être gracié. « Si nous confessons nos péchés, Dieu est fidèle et juste pour nous les pardonner. » (Première Épître de saint Jean.)

Le pardon divin serait donc acquis à partir du moment où nous faisons entrer Dieu dans notre vie. Est-ce aussi simple que ça ? L'homme peut-il faire tout ce qu'il veut sitôt qu'il croit en Dieu ? Ce parti pris controversé pourrait inciter les plus immoraux à se retrancher derrière la religion pour minimiser leurs mauvaises actions. Partant de là, les dictateurs, tueurs en série, terroristes n'auraient qu'à se confesser après avoir perpétré des atrocités…

Ne vaudrait-il pas mieux instaurer une période de probation plutôt qu'une systématisation du pardon ? Les instances divines, dans leur miséricorde, sont réceptives à nos actes de contrition, mais les repentirs ne devraient pas, à eux seuls, pouvoir effacer le mal que l'on a fait. Peut-être faudrait-il aussi mettre à l'épreuve la vertu de chacun ?

Le fait d'être croyant, pratiquant ou athée ne devrait donc même pas importer, car la rédemption n'est pas forcément un acte biblique, c'est avant tout une démarche personnelle. Celle ou celui à qui nous devons rendre des comptes n'est autre que nous-même : nous sommes notre seul juge, notre propre autorité en matière de discipline.

Parmi les individus qui ont croisé ma route, certains avaient commis de graves méfaits ou s'étaient lourdement égarés. Alors qu'ils étaient considérés comme perdus, moralement parlant, que rien ne laissait présager une éventuelle repentance, ils décidèrent un beau jour de revenir à une vie plus rangée.

Dès l'instant où ils en exprimèrent le souhait, quand leur quête de rédemption fut suivie d'actes éloquents, je pus, avec l'aide du ciel et leur propre collaboration, les aider à retourner dans le droit chemin.

Leur dépravation était si profonde qu'il me fallut côtoyer la cruauté, l'infamie et le cynisme chaque fois que j'étais en leur présence, mais cela en valait vraiment la peine. Changer de camp, passer de l'ombre à la lumière, est une entreprise louable qui mérite d'être soutenue.

Mais que penser des gens sans foi ni loi, des crapules qui ne se remettent jamais en question ? On devrait pouvoir compter à cent pour cent sur notre système judiciaire pour sanctionner équitablement les infractions, ou sur la grande roue de la vie pour récompenser les actes justes et réprimander les malhonnêtetés, les impolitesses, toutes les incivilités du quotidien, plus ou moins graves, qu'il nous arrive de commettre. Mais l'histoire nous a montré que des délinquants pouvaient ressortir libres d'un tribunal, alors que des innocents pouvaient payer pour un crime qu'ils n'avaient pas commis, et que des tortionnaires pouvaient vivre jusqu'à un âge avancé sans remords ni regrets, sans être inquiétés par la maladie ou la sénilité !

Est-ce là ce que l'on attend de la justice ?

Heureusement, le ciel rétablit l'équilibre.

Là-haut, il existe une loi supérieure à toutes les autres qui oblige tout le monde, sans exception, à répondre de ses actes. C'est le châtiment divin et personne ne peut y échapper.

Tous les assassins et autres malfrats paient de cette manière, en étant privés des faveurs du ciel et en étant *envoyés* dans un coin perdu, sinistre et hostile, tout le temps que durera l'expiation de leurs fautes.

Une bien maigre consolation pour les victimes et leur famille, mais celles-ci doivent savoir que la justice du ciel est impartiale et intransigeante.

Nous revenons sur terre pour une seule bonne raison : nous perfectionner, apprendre de nos erreurs.

C'est grâce au sempiternel cycle de vies et de morts que nous pouvons réussir, échouer et, le cas échéant, recommencer autant de fois que nécessaire.

« On peut tout exprimer avec les chiffres ! » disait mon professeur de mathématiques, M. Dolci. Prenons l'exemple d'une suite numérique V_n de raison r telle que : $V_{n+1} = V_n + r$.

Dans le monde des mathématiques, la raison r est ce qui permet de passer d'un terme au suivant, de V_n à V_{n+1}. Dans celui des humains, r est l'incrément positif, la plus-value que l'on est censé acquérir d'une vie à l'autre.

Chaque naissance porte le fardeau de ses vies antérieures. Chacun de nous renaît dans un nouveau corps, pour une nouvelle existence, mais le travail sur soi reste identique.

Il ne faut donc pas s'étonner des contretemps, des déconvenues, des échecs ou des situations de blocage. Tout ce qui n'a pas été résolu au préalable risque de refaire surface tôt ou tard. Les contentieux peuvent se répéter d'une vie à l'autre, les amours contrariées peuvent donner lieu à des coups de foudre passionnels la fois suivante, les malveillances impunies peuvent se muer, par la suite, en malédiction.

Le présent n'est pas une page vierge, il prolonge l'avant et aide à préparer l'après.

Pour avoir vu ce qui se passe sur le toit du monde, il m'est impossible d'être en adéquation avec les messages prônés par les principales religions monothéistes. Les commandements, les châtiments, la terreur, les menaces, la morale, le Jugement dernier… tous ces préceptes ont été détournés et instrumentalisés. Aucun défunt ne m'a jamais parlé d'un dieu souverain, qu'il soit masculin ou féminin, blanc ou noir, et pour cause : il n'y a pas d'un côté les donneurs d'ordres et, de l'autre, les exécutants, d'un côté les puissants et, de l'autre, les faibles. L'ailleurs est uniformément constitué d'êtres rayonnants de lumière, lesquels nous demandent simplement de bien nous conduire et de nous respecter les uns les autres.

On m'a seulement montré que certaines figures emblématiques des religions catholique, musulmane, juive ou bouddhiste, telles que les messies ou les prophètes, occupent une position privilégiée aux nues, dans le sens où ce sont des âmes pures, des porteurs de bonne parole. Mais toutes ces âmes forment un tout indivisible et uni. Il n'y a qu'à lever les yeux pour s'en rendre compte. L'espace infini dans lequel gravitent les astres est le même pour chacun d'entre nous.

Admettre cet axiome, c'est croire en l'universalité et en l'unicité des religions.

Quelle autre explication au fait que je sois en mesure d'entendre, de ressentir et de percevoir aussi bien dans une synagogue que dans une église, dans un temple ou une mosquée ? Peu importe le lieu de dévotion, l'appartenance religieuse des gens qui me sollicitent, peu importent leurs convictions, ce que je vois est commun à tous les êtres et à toutes les choses. Ce sont des bras qui enlacent le monde d'une seule et même force, c'est une lumière divine qui s'étend sur toute la surface de notre planète.

À mon sens, il n'y a ni enfer, ni paradis, ni limbes, plutôt des « salles d'attente » qui précèdent cette immensité azurée à laquelle chaque être humain aura accès, qu'il soit ou non croyant.

Les premières traces des notions d'enfer et de paradis remontent bien avant l'Antiquité. À cette époque, ces deux termes n'avaient pas encore pris de connotation religieuse. Leur dénomination a maintes fois évolué depuis : séjour des morts, Tartare, vallée du feu pour l'un, Éden, jardin clos, Champs Élysées pour l'autre. Mais quels que soient leur appellation et leur sens, ces deux grands symboles du bien et du mal ont été et continuent d'être une source d'inquiétude et de questionnement.

Longtemps, je me suis moi-même demandé si la géhenne existait, à quoi elle pouvait ressembler, si elle était telle qu'on nous la décrivait dans les livres, avec des flammes et des souffrances éternelles.

La seule fois où il m'a été donné de voir ce qui se rapproche le plus de l'enfer, du moins tel qu'il est perçu par l'imaginaire collectif, fut lorsqu'un ancien membre du grand banditisme succomba à ses blessures par balle.

J'avais été appelé par sa mère, une femme de petite taille qui passait ses journées à prier pour le salut de son fils.

Durant la poignée de secondes où son âme s'éleva, j'eus le temps de voir une porte s'ouvrir sur un paysage lunaire, aride et glacial. Il y avait un arbre mort à l'entrée, la luminosité était gris bleuâtre et un homme en pagne, d'une maigreur répugnante, se tenait recroquevillé dans un coin. Une séquence très brève, si effroyable qu'elle ne me donna aucune envie d'en savoir plus !

La Porte de l'enfer de Rodin offre un portrait des plus ressemblants de cette vision apocalyptique qui m'avait glacé le sang. En nous faisant voyager dans les abîmes de la souffrance et de la désolation, cette œuvre d'art, largement inspirée de *La Divine Comédie* de Dante, incarne parfaitement la cruauté, l'adultère, l'infanticide, le désordre et le chaos qui sévissent en ces bas-fonds.

Je sus alors que la route de ce caïd au lourd passé serait aussi longue et semée d'embûches que celle du comte Ugolin, le tyran sanguinaire immortalisé par Auguste Rodin, qui, selon une légende italienne, aurait dévoré ses fils après avoir été condamné à l'enfermement.

Un parcours éreintant dans le froid et l'obscurité pour cette âme peu vertueuse, mais qui ne sera peut-être pas aussi irréversible que la morale judéo-chrétienne voudrait nous le faire croire. Il allait devoir s'amender et faire pénitence pour effacer ses dettes karmiques, mais il aurait très certainement la possibilité de rejoindre le royaume des justes.

Pas de démons, de brasiers ardents ni de salles de torture. Si tel avait été le cas, j'en aurais parlé.

Je mets mon point d'honneur à reproduire le plus fidèlement possible les voix du ciel, à ne jamais déformer ni altérer les images et les sons qui me parviennent.

M'en tenir scrupuleusement aux faits, ne rien magnifier : telle est ma devise !

Il n'a jamais été question de vendre du bonheur ou de profiter de la vulnérabilité des gens, jamais non plus d'utiliser cette faculté à des fins mercantiles.

La seule et unique fois où j'ai empoché un peu d'argent grâce à une prophétie, ce fut lorsque mon grand-père maternel, Louis, m'envoya, de l'au-delà, les numéros du tiercé, le jour de mon vingtième anniversaire. Le lendemain, en ouvrant le journal à la page des résultats sportifs, j'avais été si surpris de constater que mes numéros étaient gagnants que j'avais demandé à trois personnes différentes de bien vouloir me lire les chiffres à voix haute !

Cette ligne de conduite, qui se veut inflexible, m'astreint à être continuellement sur la réserve pour ne pas donner de fausses joies ni d'illusions mensongères.

C'est une sacrée responsabilité que de percevoir et transmettre. J'éprouve d'ailleurs une sorte de libération chaque fois que j'ai fini de délivrer mon message. Si je ne vois rien, si j'hésite, c'est qu'on ne me répond pas ou qu'il faut attendre. Si, au contraire, j'entends « Non ! » ou « Refais faire des analyses », c'est que la ou les difficultés vont s'arranger. En général, les informations sont clairement énoncées afin que je puisse, à mon tour, être explicite. Au moindre doute, à la moindre erreur d'interprétation de ma part, un doux chuchotement vient rectifier mes propos. *Tst, tst, tst...*

Dès que la symbiose se crée, que la magie opère avec le firmament, je perds toute notion du temps. En un quart de seconde, me voici propulsé dans une autre galaxie, de laquelle les sons arrivent assourdis, sous forme de murmure.

Mon corps est toujours en bas, sur terre, mais mon esprit s'en est dissocié. Il flotte dans un haut monde où il fait bon, chaud, où tout est très clair, et dans lequel je me sens extrêmement bien, comme en suspension.

Puis, tout revient brusquement à la normale, sans que je sache comment ni pourquoi. Mon corps et mon esprit se réunifient, ne faisant plus qu'un. Je réentends les bruits ambiants, le bavardage des gens autour de moi, les aboiements des chiens du quartier.

Ces « allers-retours » se font toujours en douceur. Ils ne nécessitent aucun temps d'adaptation, pas plus qu'ils ne provoquent d'étourdissement. J'en reviens toujours galvanisé et ébloui.

Cette connexion est disponible partout et n'importe quand : elle peut intervenir aussi bien à midi qu'à minuit, dans un lieu public ou en toute intimité, dans mon salon ou à dix mille kilomètres de chez moi.

On pourrait la comparer à une petite musique qui résonnerait par moments dans mon oreille gauche, sans jamais m'importuner, m'oppresser ou me fatiguer. Les habitants du ciel ne sont ni envahissants ni tyranniques, leurs indications ressemblent davantage à une invitation qu'à un ordre, elles reflètent toute la force et toute la lumière du monde invisible.

En me positionnant sur un individu, je suis immédiatement projeté dans son avenir ou dans son passé. Voilà pourquoi les rencontres en chair et en os sont préférables aux supports écrits, aux conversations téléphoniques ou aux photographies. Être en face d'une personne me permet de voir à travers son visage en toute transparence et sans filtre.

J'ai énormément de respect pour ce que l'on m'a donné. C'est une grâce inouïe, un privilège, le plus fou des rêves, la plus précieuse des pierres, le rôle le plus important d'une vie.

Une étroite proximité avec le divin, telle que les Égyptiens la concevaient en bâtissant des sépultures pyramidales pour symboliser le rayonnement solaire et permettre ainsi aux pharaons de se rapprocher de Râ, leur dieu Soleil.

Un soir de mars 1974, marquant la révélation sur l'île du Levant, j'avais, moi aussi, pu effectuer cet inimaginable rapprochement, et je m'en émerveillais encore chaque matin.

Souvent, je me demande quelle autre vie j'aurais pu avoir si le ciel n'était pas venu me chercher. Quel homme j'aurais été, ce qui se serait passé si je n'avais pas éconduit Annie ou si j'avais continué de refouler mes capacités divinatoires ce soir-là. Ma clairvoyance se serait-elle atténuée pour finir par disparaître ? Annie et moi aurions-nous eu cette petite fille dont nous avions tant rêvé ? L'aurions-nous appelée Lisa, comme nous l'avions imaginé ? Aurais-je eu moins de galères, plus de satisfactions ?

Le ciel m'a transmis un don, celui d'entendre l'inaudible, de capter l'insaisissable et quelquefois d'avoir une main guérisseuse. Sans les puissances spirituelles, je ne saurais prédire l'avenir, encore moins changer l'ordre naturel des choses ou réécrire les pages du Grand Livre de la vie.

Une réalité difficile à admettre pour certains, mais je ne cesserai jamais de répéter que je n'y suis pour rien. Le mérite revient à toutes les âmes qui œuvrent en secret pour notre bien-être. C'est à elles que nous devons rendre hommage et à personne d'autre.

La plus belle preuve de reconnaissance est de croire en leur existence, au fait qu'elles nous guident tout au long de notre vie, et de leur rendre grâce à la première occasion.

Oubliez-moi et remerciez le ciel, c'est aussi simple que ça !

8

Yannick, un jeune commercial, apprit les bienfaits de la gratitude à son insu.

Yannick avait été victime d'un grave accident de moto l'année de ses quatorze ans. Il était ressorti de l'hôpital avec une jambe atrophiée et, en prime, une infection nosocomiale causée par un staphylocoque doré.

Malgré les multiples antibiothérapies, la bactérie pathogène réapparut seize ans plus tard, en passant cette fois-ci directement dans le sang et en attaquant son pied gauche, dont l'amputation sembla inévitable.

C'en était vraiment trop pour le jeune homme, qui se demandait pourquoi ce Dieu prétendument si bon s'acharnait contre lui. Il y avait d'abord eu son père qui ne leur avait plus donné signe de vie depuis le divorce d'avec sa mère, puis le suicide de son frangin, à la suite duquel il s'était juré de ne plus jamais mettre les pieds dans une église. Après ça, son accident de moto, et maintenant la gangrène…

Fou de rage, Yannick avait laissé éclater sa colère, hurlant à qui voulait l'entendre que les religions n'étaient que mensonges et hypocrisie.

On me téléphona deux jours avant le redoutable acte chirurgical qui devait le priver de son pied gauche, et son histoire m'attrista profondément. Par chance, la réponse du ciel fut rapide, et le soir même, je pus annoncer avec certitude à Yannick qu'il ne servait plus à rien de s'angoisser, car la gangrène avait régressé, il était donc inutile de pratiquer une ablation !

La nouvelle était si renversante qu'il n'y crut guère, jusqu'à ce qu'elle lui soit confirmée par son médecin traitant.

Yannick était si heureux d'avoir pu échapper à l'amputation qu'il tint absolument à me faire un cadeau. Je l'en dissuadai poliment et l'incitai plutôt à se rendre dans un lieu saint, n'importe lequel, à allumer une bougie et à exprimer sa gratitude avec ses propres mots, à sa manière.

Le jeune homme acquiesça de mauvaise grâce, déchiré entre la promesse qu'il s'était faite à la mort de son jumeau et la volonté d'honorer ma demande.

Il choisit de se rendre d'abord à Toulon, où son frère avait été enterré, mais l'église y était fermée. Dépité, il reprit alors sa voiture et fila en direction de la ville voisine, Solliès-Pont, pour trouver à nouveau porte close. Désireux de s'acquitter de sa tâche, Yannick poursuivit consciencieusement sa route en descendant plus au sud, vers La Farlède, et se réjouit de dénicher enfin une église ouverte !

Il pénétra dans la nef le cœur gros, assailli par le souvenir de cette funeste journée où il avait dû dire adieu à celui qu'il considérait comme son double, son alter ego, un autre lui-même. Après avoir prononcé quelques maladroites formules de remerciements, Yannick sortit de la paroisse d'un pas pressé, soulagé d'avoir pu accomplir cette mission dont il ne comprenait pas vraiment l'utilité.

Alors qu'il marchait vers sa voiture, il tomba sur une personne qu'il n'avait pas recroisée depuis des années et qu'il ne pensait jamais revoir : son père.

Passé l'ébahissement (mutuel) de se retrouver nez à nez sur le parvis d'une église, les deux hommes décidèrent d'aller boire un café pour discuter et peut-être tenter de renouer connaissance.

Cette histoire, comme tant d'autres, est bien la preuve que nos mercis ne tombent pas dans l'oreille d'un sourd et qu'ils peuvent donner lieu à de belles surprises…

Quant à savoir si Yannick et son père auraient repris contact si l'infection nosocomiale n'avait pas dégénéré, si je n'avais pas eu vent de ce drame, si… et si… et si…, seuls les sages détiennent la réponse.

Avant de le trouver clément et protecteur, Yannick pensait qu'il était cruel ou simplement inexistant. Pour l'avoir approché, je peux attester sa bonté et sa puissance. Le ciel a exaucé toutes mes prières, des plus sérieuses aux plus légères, en m'aidant par exemple à devenir instituteur titulaire ou en m'amenant à rencontrer les artistes que j'admirais enfant, comme je l'avais tant de fois rêvé. Il a même été au-delà, en modifiant le cours des événements à mon avantage, en venant à mon secours dès que j'en avais besoin.

À chaque coin de rue, en tout lieu et en tout temps, il y eut des signaux ou des messages pour me guider, me tranquilliser et me redonner espoir quand j'étais désemparé, il y eut quelqu'un pour m'épauler au moment où la situation allait m'échapper. Ces bienfaiteurs providentiels, que je garde à jamais dans mon cœur, vinrent de tous horizons et se relayèrent auprès de moi de sorte qu'il y en ait toujours un à la croisée de mes chemins.

Par exemple, le jour du baccalauréat : l'aurais-je obtenu si facilement sans le concours d'une intervention divine qui me sauva la mise par trois fois ?

La première, ce fut sous la forme d'un soutien moral. Il restait vingt petites minutes avant la fin de l'épreuve écrite de français et je m'apprêtais à rendre une feuille blanche, quand une voix neutre, ni masculine ni féminine, fit naître l'inspiration. Je m'étais alors mis à écrire sans pouvoir m'arrêter jusqu'à ce que l'on m'arrache le stylo des mains, en gloussant d'un plaisir coupable. Merci le ciel !

La deuxième fois, ce fut une aide matérielle en plein oral de français. Le tirage au sort m'avait attribué un extrait de *Madame Bovary*, que je n'avais pas étudié. Affolé, j'avais pris le roman de Flaubert (qui restait en classe à la disposition des élèves) et m'étais fébrilement installé à une table, au fond de la salle, pour plancher dessus. Je n'en menais pas large. Comment allais-je faire pour récolter suffisamment d'informations sans avoir lu ne serait-ce qu'un seul chapitre de cet ouvrage ? Pendant que je me creusais les méninges en tentant de raviver mes souvenirs du lycée, j'ouvris le livre et y trouvai une feuille de brouillon pliée en quatre. Celle-ci révéla un plan qui avait été grossièrement élaboré. Il comportait une introduction, deux grandes parties, des sous-parties et une conclusion rédigée à la va-vite. Je faillis tomber à la renverse en découvrant cette antisèche.

Ce brouillon avait-il été réellement oublié, ou laissé là volontairement par un autre candidat ? Peu m'importait, car il me permit de tirer mon épingle du jeu et de présenter un oral qui tenait la route.

Un deuxième grand merci au ciel !

La troisième fois, c'est l'examinateur lui-même qui contribua à ma réussite, en engageant la conversation sur mon parcours professionnel au lieu de me poser des questions sur sa matière, l'histoire-géographie – que j'avais pourtant bien potassée –, et en me gratifiant d'un généreux dix-huit sur vingt sans rapport avec la restitution de mes connaissances.

Encore une bonne raison de croire en l'existence d'un « autre part »…

Indépendamment de ces divers encouragements et de ces mains tendues, ma ligne de vie en croisa des centaines d'autres, dont certaines déviièrent sa trajectoire de manière significative.

Pour résoudre mes difficultés en mathématiques, le ciel m'envoya l'infatigable M. Dolci, qui me réconcilia avec les chiffres grâce à une méthodologie d'apprentissage personnalisée.

Avant lui, Pierre Bescond, alors ingénieur général de l'armement sur le site de l'île du Levant, m'initia aux équations différentielles et aux intégrales. L'ancien élève de SUPAERO, à Toulouse, s'était un jour penché par-dessus mon épaule tandis que je butais sur un exercice de calcul. On était en 1971, un an avant mon premier essai infructueux au baccalauréat, et j'exploitais déjà mon temps libre pour combler mes lacunes scolaires.

Ma motivation sans faille lui rappelant la sienne au même âge, Pierre Bescond me prit sous son aile, établissant un programme de révisions en fonction de nos emplois du temps respectifs ; il me donnait de nouveaux exercices tous les lundis et ramassait ma copie le vendredi soir.

Sa joie fut aussi grande que la mienne en 1975, le jour des résultats du bac. J'entends encore ses exclamations euphoriques à travers le combiné du téléphone : *« Nous avons réussi, Jean ! Nous avons réussi ! »*

Pierre Bescond partit de l'île du Levant fin 1971, mais continua à prendre de mes nouvelles.

Huit ans après, celui qui occupait désormais le poste de directeur technique sur la base militaire de Kourou, en Guyane, m'invita au lancement de la fusée Ariane 1, dont il était l'un des pères fondateurs.

C'est bien plus tard qu'il m'avoua avoir très vite remarqué la bonne étoile qui me suivait… Et qui mieux qu'un spécialiste en aérospatial pour parler des astres ?

Autre homme généreux et attentionné avec qui j'eus la chance d'être en contact : André Nouaille, l'inspecteur de l'Éducation nationale qui valida mon CAP, grâce auquel j'enseignai à Ollainville au lieu d'aller œuvrer auprès des détenus pénitentiaires, comme je l'avais envisagé un temps. *« Vous êtes trop sensible pour aller travailler en prison, Jean. Vous devriez rester ici à vous occuper de ces jeunes. »*

Je me souviens aussi des lignes écrites de la main de Mamma Rosa, peu avant qu'elle ne rejoigne le royaume des cieux. Déprimé par mes échecs à répétition au CAP d'instituteur, j'étais allé prier au sanctuaire de San Damiano, à l'endroit même où la Vierge Marie était apparue à une paysanne, Rosa Buzzini, quatorze ans plus tôt. Sur place, j'avais tout de suite aperçu celle qu'on appelait communément Mamma Rosa, alors âgée de soixante-neuf ans. Tout de noir vêtue, elle se baladait autour du « jardin de paradis », un carré de verdure où fleurissent une ribambelle de roses multicolores comme autant de supplications adressées à la Madone.

J'étais resté figé, hypnotisé par cette humble femme d'une admirable dévotion. Que ses apparitions mariales soient reconnues ou non par l'Église était sans importance, je n'avais pas besoin de la validation du clergé pour savoir que Mamma Rosa disait vrai. Le fait qu'elle soit longtemps décriée par les autorités ecclésiastiques n'empêcha d'ailleurs jamais les pèlerins d'affluer par milliers... bien au contraire !

Elle répondit au billet que le curé de la paroisse lui avait fait parvenir à ma demande. *« Vous êtes dans mes prières, Jean. »*

Les voix dans mon oreille gauche avaient redoublé au sortir de ce pèlerinage et il en fut de même après chacune de mes visites dans un saint édifice.

Si la rencontre avec une simple paysanne m'avait touché, qu'en serait-il avec le représentant suprême de l'Église catholique ?

Je fus amené, par l'entremise de Cesare Castellino, un frère salésien, à serrer la main du pape Jean-Paul II en 1983. Une grande première qui m'émut plus que je ne l'aurais imaginé.

La congrégation des salésiens, créée en 1859 par don Bosco, doit son nom à saint François de Sales, un prêtre catholique du XVIIe siècle, pionnier d'une spiritualité accessible à tous et axée sur la charité. Frère Castellino, plus exactement don Cesare Castellino, tel qu'il est d'usage d'appeler les prêtres et les diacres en Italie, était basé à Rome, mais œuvrait sur tous les continents pour promouvoir l'éducation des enfants défavorisés. Je l'avais connu grâce à ma cousine Maryse, fidèle compagne de mes expéditions spirituelles, qui l'avait convié, un soir, à sa table. Moins de trente minutes après que nous avions été présentés l'un à l'autre, Cesare avait prononcé ces mots : *« Giovanni, vous êtes dans la lumière du ciel, vous êtes éclairé, vous avez une auréole au-dessus de vous ! »*

De là naquit notre amitié.

L'année suivante, alors que Maryse nous avait à nouveau réunis, don Cesare annonça qu'il allait rencontrer le souverain pontife dans le cadre de ses actions humanitaires. Il m'invita à faire le déplacement et je n'y réfléchis pas à deux fois.

Les hommes et les femmes qui consacrent leur vie à aider les autres, quelle que soit leur chapelle, ceux qui veillent à maintenir l'unité entre les différentes religions et les peuples, m'inspirent le plus grand respect. Par ailleurs, je savais que ma mère aurait pleuré de joie à l'idée d'approcher Sa Sainteté, or, elle n'était pas disponible pour entreprendre le voyage.

C'est pourquoi j'acceptai l'invitation de Cesare séance tenante.

Un matin de septembre, je pris le train à Paris et arrivai dans la capitale italienne en fin d'après-midi, au moment où la ville se pare de couleurs ocre et rougeoyantes. Les salésiens de don Bosco logeaient dans un monastère non loin du Vatican, lequel disposait de chambres et d'un réfectoire pour les pèlerins de passage. C'est dans cet institut religieux séculaire que Cesare m'avait donné rendez-vous, à trente minutes à pied de la gare centrale Rome-Termini.

Je découvris un bâtiment de taille moyenne, assez vétuste et sombre, dont les murs en pierres apparentes présentaient des fissures ou des effondrements par endroits.

Un jeune moine était venu me conduire en silence dans une petite cour ombragée rectangulaire, qui m'avait immédiatement fait penser à celle de mon ancien collège à Draguignan. Sol bétonné d'un gris uniforme, colonnade servant à la fois de préau et de couloir, marronniers dénudés encastrés dans des grilles en métal… les similitudes architecturales entre couvents, abbayes, établissements scolaires et même structures pénitentiaires me laissaient pantois.

J'arpentai de long en large les pavés de ciment en attendant don Cesare, et le jeune collégien emprunté et indécis que j'avais été se rappela à ma mémoire. Que d'années passées depuis l'époque des surprises-parties où je n'osais inviter les filles à danser de peur de paraître trop petit, que de chemin parcouru, de craintes écartées ! À présent, j'avançais dans la vie de la même manière que dans cette cour, un pas après l'autre, mais avec détermination.

Un homme aux tempes grisonnantes, dont je devinai le regard doux derrière de larges lunettes beiges, m'extirpa de mes souvenirs. Don Cesare Castellino ouvrit grand les bras pour m'accueillir, avant de me donner une chaleureuse petite tape dans le dos, comme il avait l'habitude de le faire avec ses amis.

La journée du lendemain s'annonçant chargée, il me fit brièvement visiter les lieux, puis nous prîmes un repas frugal en compagnie d'autres pèlerins et partîmes nous coucher de bonne heure.

Je dormis mal. Sans doute à cause d'une appréhension soudaine qui me nouait l'estomac. Rassembleur, charismatique, l'évêque de Rome était aussi connu pour son engagement en faveur de la paix et de la tolérance à l'échelle mondiale. Me retrouver en présence d'un homme investi d'une telle mission suscitait forcément une vive émotion.

Mais peut-être était-ce aussi à cause de cet étrange rituel dont Cesare avait omis de me parler, qui consistait à verrouiller la porte de chaque chambre pour favoriser les temps de prière ou de méditation…

Cet enfermement surprise réveilla la claustrophobie dont j'avais déjà souffert sur la base militaire de l'île du

Levant, provoquant angoisses d'étouffement et mauvais rêves. Aussi, je fus soulagé d'entendre l'un des frères salésiens tourner la clef dans ma serrure à six heures tapantes.

La journée allait débuter par une messe dans la chapelle du monastère, suivrait l'audience papale en milieu de matinée. Dans l'intervalle, j'aurais tout le loisir d'aller me promener dans les rues de la vieille ville et d'admirer les vestiges de l'Empire romain.

À neuf heures, la place Saint-Pierre était déjà noire de monde. Je pris un siège et attendis l'arrivée du pape sous un soleil encore bien trop chaud pour la saison, parmi les milliers de spectateurs venus de tous les pays.

Le souverain pontife apparut peu avant dix heures, aussitôt ovationné par une foule en liesse, qui tapait des mains et scandait son nom comme s'il s'agissait d'une rock star.

Malgré la tentative d'assassinat dont il avait été victime deux ans plus tôt, Jean-Paul II sortit de la célèbre « papamobile » pour s'approcher des fidèles, embrassant les enfants, apposant ses mains sur le crâne des malades, prenant les cadeaux qu'on lui tendait et offrant un sourire à chacun. Les gens psalmodiaient, pleuraient et riaient en même temps. Je n'avais jamais rien vu d'aussi exaltant.

Moi qui me tenais à distance respectable des bondieuseries, qui traînais des pieds pour aller à la messe le dimanche matin avec mes sœurs, moi qui ne portais plus aucune croix ni aucune médaille, je me sentis submergé par l'effervescence collective. Une véritable vague d'enthousiasme s'élevait, emportant tout sur son passage, sceptiques, convaincus et passionnés…

Pour ne rien perdre de ces instants, je tâchais de mémoriser les visages radieux des auditeurs, le kaléidoscope des drapeaux internationaux flottant dans les airs, l'impressionnant service de sécurité et les uniformes bariolés des gardes suisses, sans oublier les myriades d'appareils photo qui crépitaient à tout bout de champ.

Le prêtre polonais dispensa une catéchèse devant un parterre d'aficionados médusés, il récita des prières, donna une bénédiction, puis se signa et descendit de l'estrade sous un tonnerre d'acclamations et d'applaudissements.

Une fois la foule dispersée, je rejoignis le point de ralliement indiqué un peu plus tôt par Cesare. L'adrénaline retombait à mesure que la place se vidait, mais je n'avais pas vraiment le temps de reprendre mes esprits qu'une expérience encore plus palpitante m'attendait déjà : j'allais, avec une quinzaine d'autres personnes, participer à une audience privée, rien que ça !

Don Cesare ouvrit la marche de notre petit groupe de privilégiés qui trépignaient d'impatience. Nous passâmes par un poste de contrôle avant de pénétrer dans le palais pontifical, où nous longeâmes des jardins géométriques qui n'avaient rien à envier aux spectaculaires jardins à la française du château de Versailles. Le frère salésien nous fit traverser des salles ornées de fresques magistrales, passer sous des voûtes parées de feuilles d'or, il nous fit franchir des portes monumentales en bois sculpté, pour finir par nous mener dans un salon marbré du sol au plafond.

Le décorum et le dédale de corridors étaient si étourdissants que je ne savais plus où poser le regard !

Après cette entrée en matière très rococo, on nous invita à nous asseoir et à patienter d'un signe de la main. Nous nous dévisageâmes les uns les autres avec circonspection, sans trop savoir quelle attitude adopter, jusqu'à l'arrivée de Jean-Paul II.

Alors que je préjugeais un entretien très protocolaire, voire guindé, la rencontre se déroula dans la sobriété. Le Saint-Père fut affable et attentif, il prononça des paroles bienveillantes et accorda un peu plus d'une minute à chacun d'entre nous, multipliant les vœux de paix et de bonne santé.

Lorsque mon tour fut passé, je sentis la fatigue s'abattre sur moi avec la force d'un bulldozer. Le voyage express, cumulé à l'intensité et à la profusion des émotions, m'avait mis KO.

Mais c'était déjà l'heure des au revoir.

Je remerciai don Cesare de son invitation et filai prendre mon train.

Sur le trajet du retour, mes sens étaient en ébullition. Les images et les impressions fusaient de toutes parts, enivrant mon cœur et mon esprit. J'avais, il fallait l'admettre, pris un immense plaisir à vivre cette cérémonie, mais cela ne m'empêchait pas d'y mettre un sérieux bémol, en désapprouvant le faste et le clinquant du Vatican. Tout ce luxe faisait obstacle aux valeurs d'humilité et d'exemplarité véhiculées par l'Église catholique. C'était d'autant plus choquant quand on connaissait l'ascétisme pratiqué par la plupart des autres membres, notamment ceux du « bas clergé », comme Mamma Rosa et Cesare Castellino, qui menaient à bien des actions humanitaires en Europe ou en Asie avec les moyens du bord. Cet étalage de richesse expliquait, en partie, ma réticence à l'égard de la religion, autant, peut-être, que la chute constante du nombre de fidèles…

Hormis cette fausse note, la visite demeurerait incontestablement un temps fort de mon existence. Elle renforça ma relation avec don Cesare, avec qui j'entretins une correspondance sur plusieurs années.

Si je fermais le volet ecclésiastique pour ouvrir celui de l'humain, je commencerais par la personnalité qui laissa une empreinte impérissable dans ma mémoire et dans mon cœur…

9

Dans le courant de l'année 1980, une femme prénommée Marguerite me fut présentée par une amie commune. Après m'avoir confié ses problèmes personnels, Marguerite me parla de l'un de ses proches qui traversait une période mouvementée. Il s'agissait d'un homme d'une soixantaine d'années, dont l'identité me fut tenue secrète par souci de confidentialité.

Sans l'avoir jamais vu, je le lui décrivis comme impassible et autoritaire, aussi brillant que vindicatif, à la fois séducteur et fin stratège. Son ascension serait fulgurante : il allait évoluer dans les plus hautes sphères, côtoierait les grands de ce monde et marquerait l'histoire de France.

Un an plus tard, j'appris que l'homme énigmatique et ambitieux dont Marguerite m'avait parlé avait remporté les élections présidentielles et venait de prendre ses quartiers au 55, rue du Faubourg-Saint-Honoré.

Quel choc ce fut pour moi de découvrir que j'avais brossé le portrait du futur président de la République ! Mais ce n'était rien à côté de ce qui allait suivre…

Après son investiture, celui qui serait, par la suite, baptisé « Tonton » par *Le Canard enchaîné* demanda à me rencontrer et j'eus des palpitations à la perspective de me retrouver devant le prestigieux bureau Louis XV qui avait vu passer tant de personnages illustres. Je mis pratiquement une semaine à décider quel pantalon et quelle veste j'allais porter, pour finalement choisir une chemise blanche et un jean, en espérant que cela m'aiderait à faire bonne impression.

Je me revois encore dans ce salon doré chargé d'histoire, tendu, nerveux et tremblant face à cet homme un tantinet plus petit que moi et pourtant si imposant. De quoi allions-nous discuter ? Est-ce que j'allais pouvoir parler librement ou devais-je seulement l'écouter ? Quelle formule de politesse utiliser ? Allais-je vraiment faire la causette avec le Président ?… J'avais du mal à le croire !

Mais ce fut beaucoup moins compliqué qu'il n'y paraissait. Avec son humour pince-sans-rire et son flegme à toute épreuve, François Mitterrand me mit aussitôt à l'aise.

D'une première entrevue un peu trop conventionnelle, nous passâmes rapidement à un mode plus cordial, réduisant les usages protocolaires au strict minimum… enfin, surtout pour lui, car s'il employait simplement mon prénom pour s'adresser à moi, je continuais de lui donner du « Monsieur le Président ». Aucune autre formule n'aurait pu mieux définir cette souveraineté qu'il incarnait si bien.

Lorsqu'il souhaitait me voir, l'ancien premier secrétaire du Parti socialiste me faisait appeler à l'École nationale de perfectionnement d'Ollainville. Malgré sa voix reconnaissable entre mille, il se risqua même à me contacter en personne, au grand étonnement de mes collègues qui répondaient au téléphone, et me rendit visite à plusieurs reprises.

Nos entretiens se poursuivirent tout au long de ses deux mandats. Plus d'une décennie de tête-à-tête officieux au palais de l'Élysée, entre confidences et concertation, à l'issue desquels je m'en allais souvent en oubliant la moitié de mes affaires (écharpe, gants, blouson...), trop envoûté par le charisme, l'éloquence et la vaste érudition de mon hôte.

Une fois parti, je repassais notre conversation en boucle, en pensant que j'aurais mieux fait de dire ceci au lieu d'affirmer cela. Mais une chose était sûre : j'avais une chance incroyable d'être, pour un temps, l'interlocuteur privilégié de cet homme qui, en dehors de toute considération politique, était remarquable.

Le plus drôle, c'est lorsque des amis ou des inconnus autour de moi commençaient à parler politique. Mon visage s'empourprait, je riais alors sous cape en les entendant commenter en bien ou en mal les actions de leur gouvernement, et devais me mordre l'intérieur des joues pour ne pas démentir ou confirmer leurs propos.

Chaque fois qu'il m'invitait au « château », j'avais pour instruction de ne jamais passer par la cour d'honneur mais d'utiliser un portillon plus discret, à quelques mètres de là.

Nous nous retrouvions dans un des salons de cet ancien hôtel particulier pour parler de la vie et de l'après, des croyances, de littérature, de la société, de son état de santé et, bien sûr, de sa fille... Il avait l'esprit curieux et raffiné, se livrait peu et pesait chacun de ses mots.

« Comment se porte la France, Jean, et comment je me porte ? »

Mal, du point de vue des sondages.

La réforme des institutions, le climat économique en berne et l'aggravation du chômage avaient lourdement fait chuter la cote de popularité de François Mitterrand.

Sa courbe de confiance commençait à se redresser depuis 1986, mais pas assez pour garantir sa réélection.

En mars 1988, soit un mois avant le premier tour de scrutin, le président sortant ne s'était toujours pas officiellement déclaré candidat. Après avoir longuement hésité quant à la meilleure façon d'entrer en campagne, François Mitterrand pensa qu'il serait préférable de s'adresser en direct aux Français via le petit écran, contrairement aux membres de son cabinet, qui le lui déconseillèrent.

Pour arrêter son choix, le chef d'État voulut prendre un deuxième avis. Il se tourna alors vers moi, petit instituteur communal sans expérience politique.

Mesurant la portée d'une telle intervention, je tournai sept fois ma langue dans ma bouche avant de me lancer... Il s'agissait tout de même d'une décision majeure pour l'avenir du pays !

Après avoir creusé la question, je l'incitai à s'exprimer publiquement, au grand dam de ses conseillers.

La prise de risque était considérable, mais j'étais sûr de moi... car j'avais vu « la boucle ».

La boucle est une forme ovale qui se dessine dans mon esprit quand quelque chose de positif ou de négatif va se produire. Cela peut être d'ordre privé ou professionnel, comme une rupture amoureuse, un échec ou une réussite scolaire, la signature d'un nouveau contrat de travail, l'achat d'une maison ou la rémission d'une maladie.

La boucle, comme les gonflements de la main, est survenue bien après mes premières visions. Il me fallut un certain temps pour m'adapter et m'habituer à ces nouvelles « données ».

Au début, je ne savais pas comment interpréter cette figure géométrique. Pourquoi me montrait-on un oval ? Quelle en était la signification symbolique ?... Mais, très vite, je compris le principe : quand la boucle tournait dans le sens des aiguilles d'une montre, c'était de bon augure, et, au contraire, le présage était mauvais quand la rotation était antihoraire.

Lorsque le Président m'exposa son dilemme, je vis clairement la boucle effectuer un mouvement giratoire de gauche à droite, aussi n'hésitai-je pas à m'exprimer sur le sujet.

Après mûre réflexion, l'homme d'État choisit finalement de dévoiler ses intentions sur le plateau du journal d'Antenne 2.

Croyant l'affaire réglée, je m'étais préparé à rentrer chez moi pour deux, trois jours, quand le Président redemanda mystérieusement à me voir, quarante-huit heures à peine avant le grand oral qui devait le confronter aux questions d'Henri Sannier, alors présentateur du 20 heures, et à celles de Paul Amar, chef du service politique de la chaîne.

Une fois que nous fûmes seuls, il posa sa main sur mon épaule, afficha une mine sévère et formula une requête si inattendue et si loin de sa parfaite maîtrise habituelle que je mis un certain temps avant de réagir.

« Jean, puis-je vous emprunter ce grigri dont vous ne vous séparez jamais ? J'aurai ainsi l'impression de vous avoir un peu à mes côtés... »

Le grigri auquel il faisait allusion était un souvenir en tissu, du type « porte-bonheur touristique », qu'un élève m'avait rapporté de voyage et que j'avais depuis coutume de garder sur moi. Une babiole qui n'avait donc rien d'une amulette, hormis pour qui avait besoin d'être rassuré et soutenu.

Je souris à ce trac inavoué et tendis le morceau de tissu au Président :

« Je serai devant la télévision ce mardi, monsieur le Président. Au moment où vous parlerez de votre candidature, vous n'aurez qu'à sortir discrètement le petit porte-bonheur de votre poche et le garder dans votre main. Je serai alors avec vous et je vous donnerai de ma force. »

Le soir du 22 mars 1988, à vingt heures, tous les yeux des Français étaient rivés sur leur écran de télévision. Lorsque Henri Sannier demanda sans ménagement à François Mitterrand s'il se représentait, je l'entendis prononcer un « oui » d'anthologie d'une voix mal assurée. Deux minutes après cette annonce tonitruante, alors que Paul Amar tentait de déstabiliser celui qui avait prétendu « ne pas vouloir s'installer à demeure dans cette fonction », je vis le désormais candidat marquer un temps d'arrêt, introduire sa main gauche dans la poche de son veston et la ressortir au bout de quelques secondes.

J'avais alors ri aux éclats comme un enfant à qui l'on vient de révéler le trucage d'un tour de magie en lui faisant promettre de garder le secret…

J'étais, il me semble bien, le seul à savoir que, dans cet intervalle de temps très court, le Président avait serré le morceau de tissu fétiche dans sa main pour puiser de la force, pour rassembler ses idées, comme on boit un grand verre d'eau avant de faire un long discours, ou comme on inspire un grand coup avant d'exécuter un plongeon de haut vol.

Cette stratégie de communication porta ses fruits, puisque « le Sphinx » fut réélu le 8 mai 1988 avec 54 % des voix.

Ce roc strié de microfailles invisibles à l'œil nu, c'est le François Mitterrand que j'ai connu, un alliage résistant à la rupture mais se déformant sous la chaleur, un colosse aux pieds d'argile.

Aussi fus-je ému quand je croisai fortuitement Mazarine des années après et qu'elle se souvint de moi : *« Je vous reconnais, c'est vous qui veniez voir mon papa quand j'étais petite. »*

En 1971, une rencontre d'un tout autre genre me mit des étoiles plein les yeux.

Barbara, l'unique, l'intemporelle, se produisait à l'opéra de Toulon. Admirateur inconditionnel, j'avais assisté à tous ses concerts dans la région. Après nous avoir régalés de ses sublimes interprétations, l'artiste s'était éclipsée sur ces mots : *« Vous me voyez, vous qui êtes loin... Vous croyez que je suis belle, mais c'est faux... Je vous ai tout dit dans mes chansons. »*

J'étais encore sous le charme de cette voix cristalline, de cette sensibilité à fleur de peau, quand nous tombâmes nez à nez pendant l'entracte.

Quel dieu farceur nous avait fait nous perdre simultanément dans les galeries de ce que les Toulonnais appelaient jadis « le Grand Théâtre » ? Par quel tour de passe-passe nous étions-nous dirigés l'un vers l'autre ce soir-là ?... J'avais ma petite idée là-dessus...

« S'est-on déjà vus ? » avait murmuré la Longue Dame brune.

Intimidé au point d'être tétanisé, j'avais bafouillé des paroles incohérentes, peinant à construire une phrase d'une banalité affligeante.

« J'adore tout ce que vous faites.

— Je vous en remercie. »

Je la revis vingt ans plus tard, lors de son ultime tournée. Elle prit à nouveau le temps de me saluer, moi, l'ancien gamin aux talonnettes de papier journal, parmi l'attroupement de groupies hystériques qui l'attendait à la fin de sa représentation, et j'en fus tout pantelant.

1971 me réserva une autre bonne surprise. J'avais réussi à obtenir deux billets pour le concert de Michel Polnareff à La Valette-du-Var et m'y rendais avec ma petite amie du moment. Le chanteur était alors au sommet de sa gloire. Ses rimes osées, son look excentrique et son attitude anticonformiste dégageaient un parfum de scandale qui séduisait autant la jeunesse française qu'internationale.

Pour je ne sais plus quelle raison, la jeune fille qui m'accompagnait commença à me chercher querelle dans la voiture. Le ton monta et nos mots dépassèrent très vite nos pensées. La dispute s'envenimant, elle préféra s'arrêter sur le bas-côté de la route pour m'éjecter comme un malpropre, avant d'effectuer un demi-tour sur les chapeaux de roue.

Ce qui s'annonçait comme une belle soirée avait viré à la scène de ménage !

Notre prise de bec ne m'ayant pas dissuadé d'aller voir le show, j'entrepris de poursuivre mon chemin à pied jusqu'à la salle de spectacle La Tomate, quand une voiture ralentit à ma hauteur. Le conducteur baissa la vitre au maximum et pencha la tête par l'ouverture. Il cherchait justement à rejoindre La Tomate et s'était trompé d'itinéraire. En le renseignant, je jetai machinalement un coup d'œil à l'intérieur du véhicule. Les montures rectangulaires et les boucles blondes du passager assis sur la banquette arrière suffirent à me redonner le sourire. Michel Polnareff – pincez-moi, je dois rêver –, que je m'apprêtais à applaudir, écoutait avec attention mes indications.

Quel heureux coup du sort ! Le chanteur, déjà disque d'or avec *Love me, please love me*, engagea la conversation comme si nous étions de vieux potes. Je lui expliquai alors ma situation en deux mots et il me proposa de monter. C'est donc covoituré par celui qui allait montrer ses fesses sur toutes les colonnes Morris de Paris que j'arrivai à La Tomate de La Valette-du-Var à l'heure dite. Et, comme tous les fans en présence de leur idole, j'en oubliai presque de respirer !

Quatre ans après cette improbable rencontre, j'en fis une autre tout aussi inopinée un soir de juillet 1975 à Londres, où j'étais parti fêter ma réussite au bac avec des amis.

Sitôt le premier pied posé sur le territoire britannique, nous avions sympathisé avec de jeunes et jolies Anglaises, à qui nous avions donné rendez-vous dans un pub du quartier de Soho. À un moment, pendant la soirée, j'avais traversé la salle pour aller commander des consommations au comptoir. En me faufilant entre les nombreux clients du bar, j'avais involontairement bousculé l'un d'entre eux et trébuché. Étalé à même le sol, j'avais levé le menton et détaillé de bas en haut l'individu contre lequel j'avais buté. Il me fut difficile de définir avec certitude si cette personne était de sexe masculin ou féminin… peut-être transgenre. Ses cheveux étaient coupés en brosse, courts devant et longs derrière, sa figure était poudrée, outrancièrement maquillée, et il ou elle portait un tee-shirt aux inscriptions flashy.

On aurait dit une créature tout droit sortie d'un film de science-fiction !

Pensant être responsable de ma chute, cet être mi-homme mi-femme s'excusa dans un anglais cent pour cent *british* tout en me tendant la main pour m'aider à me relever. C'est seulement à cet instant que je reconnus l'icône anglo-saxonne qui défrayait la chronique. Le chanteur glam-rock à l'androgynie assumée, inventeur du personnage de Ziggy Stardust : David Bowie, *himself* !

J'en restai coi, transi d'émotion devant cet artiste aux mille visages, dont les disques remplissaient mes étagères. Je crois même avoir bêtement souri pendant que nous échangions quelques mots en toute simplicité.

Avant de repartir, il sortit un album de sa sacoche pour me l'offrir. S'y trouvaient ses titres les plus populaires et notamment la fameuse chanson *Space Oddity*, qui avait été diffusée par la chaîne BBC lors de la retransmission en mondovision des premiers pas de Neil Armstrong sur la Lune le 21 juillet 1969.

Il y eut beaucoup d'autres rencontres éclair de ce type, avec des personnes connues ou inconnues, des hommes d'Église, des figures du septième art, de la sphère musicale ou littéraire.

Chez un ami producteur de films à Mouans-Sartoux, dans les Alpes-Maritimes, j'eus le plaisir de partager un dîner avec Pablo Picasso et Jean Marais. Au centre Alfred-Tomatis, je pus discuter avec Françoise Dolto, qui y amenait régulièrement tous ceux qu'elle n'était pas parvenue à faire « accoucher ». À La Seyne-sur-Mer, je jouai à la pétanque avec Mike Brant sur une plage bordée de tamaris, ces arbustes aux grappes de fleurs roses ou blanches, qui avaient donné leur nom à ce charmant quartier où George Sand vint en convalescence.

Fadaises, bagatelles ou événements insignifiants pour certains, mais ce qui est bijou de pacotille pour un tel peut être rivière de diamants pour un autre.

Dans la mesure où ces personnes furent, pour la plupart, placardées en poster sur les murs de ma chambre quand j'étais môme, tous ces *hasards* me donnèrent l'impression de vivre un rêve éveillé.

De minuscules petits grains de bonheur qui, additionnés les uns aux autres, formaient un épais matelas moelleux sur lequel j'aimais me lover.

Si la majorité de ces exquises parenthèses aboutit à des échanges épistolaires ou des relations amicales, ce ne fut malheureusement pas toujours le cas.

10

Tous les archéologues rêvent de découvrir les vestiges d'une ancienne civilisation, des bijoux ou d'antiques parchemins ayant appartenu à un pharaon, mais, la plupart du temps, ils ne remuent que de la terre et des cailloux. Il en va de même avec les personnes que l'on rencontre. Certaines sont en or pur, nobles et précieuses, d'autres sont simplement recouvertes d'une très fine couche dorée qui finit toujours par s'effriter.

Vingt années étaient passées depuis mon recrutement au poste d'attaché territorial à la mairie de La Seyne-sur-Mer, quatre mandats municipaux et autant de politiques publiques parfois contradictoires ou inappropriées ; tout cela pour restreindre une fois de plus le service chargé de l'accessibilité des jeunes handicapés.

Écœuré par cette orientation politique, je décidai de partir de La Seyne et demandai ma mutation, usant de mon droit à la mobilité.

Parmi les municipalités contactées, celle de Levallois-Perret, dans les Hauts-de-Seine, me proposa d'intégrer son service enfance et jeunesse à l'automne 2006.

Était-ce une coïncidence, un schéma répétitif ? En tout cas, il s'avère que j'allais terminer ma carrière de fonctionnaire en région parisienne, là où je l'avais commencée trente ans plus tôt, bouclant ainsi la boucle.

Mes adieux aux collègues de La Seyne se firent non sans une pointe d'angoisse et un pincement au cœur. Certains collaborateurs étaient devenus des amis proches, comme le très discret et réfléchi Gérard, ou Édith, notre rigoureuse et adorable secrétaire, qui avait été très proche de ma mère, mais pour le reste, j'étais assez content de changer de décor et de retourner à Paris.

Durant les deux années qu'il me restait à accomplir à Levallois-Perret avant mon départ à la retraite, je contribuai au développement et à la maintenance des infrastructures sportives, à l'organisation des activités socio-éducatives et des séjours vacances pour adolescents.

En mai 2008, alors que j'avais cumulé suffisamment de trimestres pour me retirer de la vie active, la mairie me demanda d'adhérer à son club sportif (également connu sous le sigle LSC, Levallois Sporting Club), plus précisément d'incorporer le pôle olympique du club sportif.

À sa création, en 1983, le LSC n'était qu'une petite association de quartier. Au fil des années, le club enrichit sa palette de disciplines et prit de plus en plus d'ampleur, jusqu'à acquérir une renommée mondiale grâce à la médaille d'or de l'épéiste Frédéric Delpla aux jeux Olympiques de Séoul en 1988.

Les prestigieuses récompenses de bronze, d'argent et d'or qui succédèrent à celle de Delpla continuèrent de faire du centre sportif une référence nationale, justifiant l'ouverture, en 2008, d'une section dédiée à la préparation des jeux Olympiques et Paralympiques.

Le LSC recherchait des candidats pour gérer et encadrer l'équipe olympique, tout particulièrement des profils ayant une expérience dans le domaine du handicap.

J'étais disponible, mon CV correspondait à leurs attentes et le poste m'intéressait. Trois bonnes raisons de prolonger mon contrat avec la mairie de Levallois-Perret de quelques mois !

Le pôle olympique en était encore au stade embryonnaire. À vrai dire, tout était à faire. Notre groupe de travail (constitué en majorité d'intervenants issus du milieu sportif et de la jeunesse) voulut mettre en place des plannings, organiser des réunions, rédiger des rapports détaillant les diverses missions imparties, leur mode opératoire et leur financement… mais tout semblait se développer au ralenti.

Six mois après avoir rejoint le club omnisports du 92, je fus forcé d'admettre que la section olympique n'avait pas avancé d'un pouce, malgré nos efforts conjugués.

Le manque de structure organisationnelle et l'insuffisance des moyens mis à notre disposition finirent par démoraliser les plus motivés. Les bureaux se désertifiaient, les agents se rongeaient les sangs, le club périclitait à vue d'œil.

Au bout d'un an, malgré la défection de certains, je continuais, comme d'autres, de me présenter chaque matin en essayant de me rendre utiles.

En parallèle, j'avais accepté, à la demande de l'ami d'un ami, d'entrer dans une association quelque peu particulière, puisqu'elle était liée à un cercle de jeu.

Qu'étais-je venu faire dans ce monde si éloigné de mon secteur d'activité ? me direz-vous.

Cet établissement, ainsi que toutes les autres maisons de jeu, se composait de deux entités distinctes et dissociées : une direction des jeux, chargée d'embaucher le personnel spécialisé, de veiller à la régularité et au bon fonctionnement des parties, et une association dont les membres bénévoles n'intervenaient pas dans lesdites activités.

On m'avait présenté au directeur de ce cercle, mais jamais au grand jamais, je m'étais attendu à ce qu'il me demande d'entrer au conseil d'administration de l'association !

Une marque de confiance aussi flatteuse qu'embarrassante… la réputation sulfureuse des cercles de jeu n'étant plus à faire.

Sachant que d'anciens gradés de la police y siégeaient, cette proposition m'avait paru, sur le moment, sans risque, d'autant qu'on m'avait expliqué ne pas avoir à toucher un seul jeton… ni un seul centime !

Ma mission devait pour l'essentiel consister à m'assurer que les bénéfices étaient correctement distribués aux bonnes œuvres telles que les sapeurs-pompiers de Paris, l'Armée du Salut ou encore l'école des chiens guides pour aveugles. Rien que du caritatif, en somme.

Mais quelque temps après, plusieurs signaux vinrent m'alerter d'un danger à venir.

Le plus marquant fut un rêve, un an avant le cataclysme.

Depuis la nuit qui m'avait mis en scène avec André Torrent et Michel Delpech, j'essayais d'analyser toutes mes visions nocturnes. Ces séquences, bien souvent irrégulières et nébuleuses, pouvaient de temps en temps être criantes de vérité. Comme la fois où la Vierge Marie m'était apparue après un pèlerinage à Notre-Dame-du-Fréchou.

J'avais d'abord entendu cette voix merveilleuse : *« Vous allez voir quelque chose de formidable, Jean. »*

Puis, un lourd rideau de velours s'était levé, comme au théâtre. La Madone était alors venue et j'avais pleuré comme un enfant devant son cœur immaculé.

Autre rêve hyperréaliste : quand le spectre de François Mitterrand m'avait rendu visite. Il s'était présenté à moi, grandeur nature, m'avait reparlé du ministère pour enfants en situation de handicap qu'il m'avait un jour proposé, et avait fait état des mesures et des réformes gouvernementales à apporter au pays.

Comprenne qui voudra, aurait dit Paul Éluard...

J'avais très distinctement rêvé de mon père aussi, plusieurs dizaines d'années après son décès.

L'hésitation de ma mère quand je lui avais demandé si elle avait pu revoir son mari au ciel et sa réponse évasive : *« Non, il est dans la nuit... »* n'avaient cessé de me hanter depuis ce jour.

Que signifiait « être dans la nuit » ? J'avais tourné et retourné mille fois cette question dans ma tête... Était-il une âme en peine, errant sans but dans les ténèbres du péché ? Souffrait-il ? Avait-il été banni de la cité des anges ?

L'imaginer dans un contexte si lugubre m'avait longtemps rendu malade. En conséquence, revoir enfin le visage de mon père, même si c'était dans mon sommeil, sentir sa quiétude m'avait fait un bien fou.

Tous ces rêves me mettaient du baume au cœur, mais ils étaient surtout révélateurs du pont spirituel qui reliait la terre au ciel.

Le songe que je fis un an avant les faits avait été particulièrement insistant.

Je m'étais vu grimper, grimper et encore grimper tout en haut d'un gratte-ciel sans pouvoir m'arrêter, puis être brusquement attrapé par le col une fois arrivé au sommet.

J'avais aperçu un espace exigu, austère et vieillot, pourvu d'une petite table et de deux lits superposés.

Au terme de cette nuit agitée, je m'étais réveillé la boule au ventre, avec l'horrible sensation de m'être jeté dans la gueule du loup.

Le message était clair : j'étais en danger. Pas seulement moi, des tas d'autres personnes aussi. Une furieuse tempête allait s'abattre sur nous. La catastrophe était imminente et aurait l'effet d'une bombe.

Je décidai d'avertir tout le monde et de partir sur-le-champ. Mais personne ne m'écouta et tous me supplièrent de rester encore un peu... Et l'inévitable se produisit : le cercle de jeu fut pris dans une tourmente judiciaire dont je tirerais d'importantes leçons.

Comme quoi être sous la protection du ciel ne garantit pas l'immunité, elle n'empêche pas non plus de prendre les mauvaises décisions et de faire de mauvaises rencontres qui finissent par nous brûler les ailes.

Je m'en veux de ne pas avoir suivi ce que me dictait obstinément mon instinct ou ce qui ressortait de mes rêves, je regrette amèrement de ne pas avoir déguerpi du cercle tant qu'il en était encore temps.

Ce n'est pas faute d'avoir été prévenu, mais parfois on n'écoute pas les conseils avisés de notre petite voix intérieure.

C'est la domination du moi sur le surmoi, le combat entre la raison et l'envie de rendre service, entre ce qu'ordonne notre tête et ce que suggère notre cœur. Que l'on soit homme ou femme, que l'on ait un QI élevé ou non, il nous est à tous arrivé de dire *oui* en pensant *non* et de faire le contraire de ce que l'on souhaite.

À bien y réfléchir, ce rêve prémonitoire ne fut pas le seul à me mettre en garde. Il y a longtemps, une médium m'avait, elle aussi, parlé du guêpier dans lequel j'irais inexorablement me fourrer et de l'étau qui se refermerait sur moi.

« N'oublie pas, Jean, n'oublie pas... ce que tu as, personne ne pourra te le prendre... À un moment donné, des gens sans scrupule essaieront de t'enlever ton identité, ils voudront t'enfermer et te voler ce que tu as... Et ils y arriveront ! Tu vas y passer un temps, tu ne pourras plus bouger... mais le ciel te viendra en aide et tu en sortiras encore plus fort... »

Un peu tard pour s'en souvenir, maintenant que l'incendie faisait rage… mais il n'y avait rien de tel qu'une brûlure, même superficielle, pour se prémunir définitivement contre le feu.

Oui, cette mésaventure qui appartient maintenant au passé m'avait envoyé au tapis, mais je n'étais pas encore hors de combat.

Dans le recueil de poèmes *Les Châtiments*, Victor Hugo écrivit : « Ceux qui vivent, ce sont ceux qui luttent… »

J'avais déjà lutté pour apprendre à me connaître et à dominer mes peurs, ce n'est pas maintenant que j'allais me laisser abattre. Même brisé, j'étais toujours vivant, je lutterais à nouveau.

11

Outre mon insouciance et ma naïveté, j'aurais tendance à dire que ma dualité intérieure a contribué également à m'embarquer dans cette galère. Le fait d'être ici tout en étant ailleurs, quelque part entre la terre et le ciel, dans une invisible bulle protectrice flottant au-dessus du sol, avait fatalement créé un dédoublement qui me coupait du monde et de sa réalité.

Dédoublement qui n'a, de surcroît, jamais cessé de s'accentuer.

En prenant de l'âge, je me suis rendu compte que le temps passé sur mon petit nuage l'emporte sur celui passé avec mes semblables. Je prends le large de plus en plus souvent et de plus en plus longtemps. Seul ou accompagné, au cours d'un repas ou au milieu d'une discussion, en pleine journée ou le soir, mon esprit finit, à un moment ou à un autre, par décrocher de la réalité, par s'en dissocier, pour s'envoler vers de lointaines contrées sans jamais tout à fait redescendre.

Des absences plus ou moins longues, qui se traduisent par un manque de réaction et une attention fluctuante dans la vie de tous les jours.

Par association d'idées, je me demande souvent quel aurait été mon sort à l'époque de l'Inquisition ou de la chasse aux sorcières.

Les arts divinatoires existent depuis la nuit des temps. Innombrables sont les histoires, les légendes ou les témoignages mentionnant voyants, médiums, diseurs de bonne aventure, marabouts, leveurs de maux, chamans, guérisseurs, alchimistes, rebouteux, mages, cartomanciens, sorciers, exorcistes et autres enchanteurs…

La mythologie grecque en regorge : Cassandre et son don prophétique reçu du dieu Apollon, les trois Moires (Parques chez les Romains) filant, enroulant et coupant le fil de la vie, Sibylle la devineresse, Tirésias l'aveugle, Calchas et son interprétation du vol des oiseaux.

Dans des temps plus modernes, qui n'a jamais entendu parler de Côme Ruggieri, l'astrologue en titre de la très superstitieuse reine de France Catherine de Médicis, du ténébreux guérisseur russe Grigori Raspoutine ou du non moins célèbre Michel de Nostre-Dame, alias Nostradamus ?

En revanche, on sait peut-être moins que nombre de figures historiques se sont livrées à des séances de spiritisme ou ont eu recours à l'astrologie, comme Victor Hugo, Alexandre Dumas, Joséphine de Beauharnais, Jean Jaurès, Georges Clemenceau, Charles de Gaulle, Boris Eltsine ou Ronald Reagan, pour ne citer qu'eux.

Que ce soit pour dialoguer avec les dieux, soulager la souffrance, obtenir les meilleurs auspices, prévenir les dangers, conjurer les périodes de sécheresse ou pour connaître l'avenir, les devins ont toujours été et continuent d'être sollicités par les différents peuples.

Seules leurs techniques ont évolué à travers les âges et les civilisations : lecture dans des entrailles animales, dans des feuilles de thé ou dans les nombres, interprétation des phénomènes naturels tels que la foudre, une éruption volcanique, un ouragan ou une épidémie de peste, lancer de dés, de cailloux, d'ossements, frottement de pièces de bois… Toutes ces pratiques faisaient partie des paysages mésopotamien, égyptien et grec jusqu'à ce que les prédictions soient assimilées à de la sorcellerie.

La répression débuta vers le IVe siècle, avec la christianisation de l'Empire romain. Contrariée par la multitude des courants spirituels qui pullulaient, l'Église décida de combattre l'impiété et le paganisme. Puis ce fut au tour des dissidents religieux, des cathares, d'être pourchassés. Un autre bond dans le temps, et les femmes célibataires, les accoucheuses, les rousses et tous ceux « prédestinés » à devenir sorciers – bossus, boiteux, bègues, bigleux – se voyaient accusés de satanisme.

Il faudra attendre la fin du XVIIe siècle pour que la sorcellerie soit décriminalisée une fois pour toutes. Soit des centaines d'années de persécutions et de condamnations arbitraires.

Si j'étais né au Moyen Âge ou pendant la Renaissance, aurais-je eu moi aussi droit à un procès en hérésie ou m'aurait-on directement conduit au bûcher ? La question ne se pose heureusement plus… Quoique les hommes et les sociétés ne semblent toujours pas prêts à accepter un courant de pensée différent du leur…

On m'a souvent demandé ce que je pensais de la divination et du spiritisme en général. Avais-je déjà croisé des gens branchés sur le même canal ? Appartenions-nous à une même grande famille ? À ce sujet, mon opinion est mitigée.

Par curiosité, ou parce qu'on me l'avait chaudement recommandé, ou encore parce que j'en avais ressenti le besoin, je m'étais déjà laissé tenter par des consultations de voyance ou des séances d'astrologie. Certains de ces praticiens voulurent me tirer les cartes, d'autres dressèrent mon thème astral, examinèrent mes iris ou mes mains. Mais sans vouloir remettre en cause leur bonne foi, seuls quatre d'entre eux s'approchèrent de la vérité.

Pour les autres, soit ils inventèrent un bobard de toutes pièces, soit ils se contentèrent de ressortir ce que je leur avais raconté sous une forme différente. Autant dire que ceux-là m'avaient plutôt échaudé…

Quant à ce que me révélèrent les quatre « véritables » devins, j'en ai encore la chair de poule des années après.

La première voyante devant laquelle je m'assis s'appelait Germaine Lanteri et habitait Toulon, à vingt minutes de chez nous.

À l'affût d'informations justifiant mon état, ma mère m'y avait emmené. Elle cherchait des réponses, quelqu'un à qui se confier, et avait trouvé en Germaine une alliée.

Celle-ci me servit en quelque sorte de traductrice. Elle expliqua à ma mère comment décrypter mon comportement et comment réagir face à un adolescent lunaire.

Bien que très intimidé, j'y étais retourné plusieurs fois seul par la suite, car cette Mme Lanteri était l'une des rares personnes à comprendre le poids de mes prédictions.

Tout le monde s'accordait à dire qu'elle avait un don inhabituel, époustouflant. Les gens venaient de toute la France pour la consulter. C'est d'ailleurs elle qui vit les problèmes auxquels j'allais être confronté à Paris.

Puis vint Irma Salmeron, en 1970 – sans rapport avec la très réputée voyante parisienne Mme Irma –, laquelle prédit ma réussite au baccalauréat avec, je cite : *« que des 2 »* (pour information, j'obtins 222 points), ainsi que les voix providentielles durant l'épreuve de français et l'homme aux cheveux blancs qui allait m'enseigner les chiffres à sa manière.

Le taux de réussite de ses prédictions était si élevé que les policiers eux-mêmes n'hésitaient pas à faire appel à elle lorsque leurs enquêtes étaient dans l'impasse.

Trois ans plus tôt, M. Poutrier de Mermoz m'avait, pour sa part, rassuré quant aux bonnes intentions de ce qu'il nommait « le troisième œil ».

« Il faut demander, petit, il faut demander. Si tu demandes, tu recevras. Tu ne te connais pas encore, Jean, mais tu vas apprendre à te connaître. Quelque chose en toi est en train de se développer. N'aie pas peur, laisse-toi guider.

— Mais vous, comment vous faites ?

— Moi, je travaille avec la lumière... Toi aussi, un jour, tu sauras faire... Ne t'inquiète pas, on te veut comme ça... tu es une vieille âme... Moi, tu vois, je vis avec ça. Je vis et j'y crois. »

La dernière personne, dans cette courte liste, à avoir lu en moi comme dans un livre ouvert fut Mme Grand, une femme d'une soixantaine d'années, dont la taille était inversement proportionnelle au patronyme et qui vivait seule, entourée d'animaux. *« Ne vous inquiétez pas, Jean, vous aurez toujours du bonheur ! »*

Tous m'apportèrent la confirmation que j'étais inconsciemment venu chercher et chacun, à sa façon, me poussa à croire ce que j'entendais et ce que je voyais.

Savoir que d'autres avaient vécu la même expérience que moi, qu'ils s'étaient posé les mêmes questions, allant jusqu'à nier l'évidence, gambergeant au point d'avoir la migraine, me fut d'une aide précieuse.

Je n'étais donc pas seul ! Et, bien qu'un peu loufoques, ces êtres dotés d'une seconde vue semblaient en accord avec eux-mêmes. Eux aussi avaient traversé des zones de turbulences, eux aussi avaient manqué d'assurance à certains moments et avaient voulu se retrancher du monde. Ils avaient alors fait un pas de côté, le temps d'analyser la situation, puis étaient revenus en sachant quelle orientation ils souhaitaient donner à leur vie.

Demeurer en retrait, s'éloigner de l'agitation, telle fut également ma position pendant et après le passage de la « tempête parisienne ».

Je n'arrêtais pas de me dire que je devais voir au-delà de mes déconvenues, que souvent, derrière chaque déception, après chaque écueil ou sous chaque caillou se cache une petite victoire, que nombreux étaient ceux à avoir cru ne jamais pouvoir se remettre d'une phase critique et à en être sortis plus forts qu'avant. Il n'y avait donc aucune raison pour que je n'y arrive pas à mon tour… Il fallut quand même plusieurs années pour que les dégâts causés par cet épisode d'une extrême virulence me paraissent moins dommageables.

Quelles que soient les épreuves endurées, celles d'hier et de demain, je ne m'autorise jamais à me plaindre. Ni les hésitations de prime jeunesse, ni les dilemmes, pas plus que les cas de conscience, la souffrance du deuil ou les accusations mensongères ne sauraient contrebalancer l'émerveillement d'avoir été initié aux mystères de la vie et d'avoir dépassé la réalité physique.

Toutes mes tribulations ont eu le mérite de me faire savoir qui étaient mes vrais amis, ceux sur qui je pourrai toujours compter.

Dans le même ordre d'idées, ne pas avoir réussi à construire de relation amoureuse durable aurait pu me rendre amer, mais ne vaut-il pas mieux avoir vécu un petit nombre d'années intensément plutôt que toute une vie modérément ?

Sur une palette de couleurs allant du plus clair au plus foncé, il faut toujours choisir de quel côté on va poser le regard. En général, j'opte pour les teintes les plus douces.

Au lieu de me lamenter et de ressasser mes déboires sentimentaux, je préfère me dire que j'ai eu la chance de connaître l'amour parfait, s'il en est, celui qui vous renverse, vous chavire, celui qui envoie une décharge si puissante qu'elle vous paralyse… Et pas qu'une fois !

Pour être exact, deux femmes m'ont fait ressentir ce vertige du cœur qui vous rend invincible et vous démunit dans la seconde qui suit.

La première avait le double de mon âge. Elle se nommait Éloïse et enseignait les mathématiques dans mon lycée. Notre idylle resta longtemps secrète du fait de ma minorité et de son statut de professeur. Une liaison éprouvante, passionnelle et compliquée, dans un contexte pré-soixante-huitard encore très puritain, mais on manque souvent de lucidité à dix-sept ans, encore plus quand on est fou amoureux…

Si, dès le départ, notre relation était vouée à l'échec, il nous fallut cinq longues années avant de pouvoir écrire le mot « fin ».

À la même époque, à Marseille, Gabrielle Russier se suicidait après avoir été condamnée pour détournement de mineur. Son histoire fit écho à la mienne. Un drame porté à l'écran par André Cayatte en 1971, avec la talentueuse Annie Girardot, qui gagna à jamais le cœur des Français grâce à la chanson de Charles Aznavour *Mourir d'aimer*.

Annie fut mon deuxième immense amour.

Trois ans s'étaient écoulés depuis ma rupture avec Éloïse, mais le temps n'avait pas encore fait son œuvre, laissant mon cœur à vif.

J'avais bien eu d'autres aventures çà et là, mais rien de transcendant. Juste des petits flirts sans lendemain, au grand désespoir de ma mère, qui s'inquiétait de mes enfièvrements brefs et de cette mélancolie dans laquelle j'avais sombré.

Cet état de totale perdition s'arrêta à la seconde où Annie entra dans mon champ de vision, faisant passer mes idées du mode noir et blanc au mode couleur.

Avec elle, je découvris un sentiment profond et indestructible. Cet appétit immodéré de l'autre, l'impression de ne faire qu'une seule et même personne. Je découvris aussi la peur. Primaire, animale. Celle de la voir partir, de rester seul ou de ne pas la mériter.

Quand je repense à nous, la musique romantique de Max Steiner tirée du film *A Summer Place*, sorti en France en 1960, accompagne naturellement chacun de mes souvenirs.

La quitter fut une déchirure.

Je venais d'obtenir mon baccalauréat, Annie avait réussi son concours d'entrée à l'école normale d'institutrices de Draguignan. Elle était brillante, ambitionnait de devenir maîtresse d'école. Lorsque le centre d'accueil pour enfants en difficulté d'Ollainville valida ma demande de poste, je fus pris entre deux feux. Elle dans le Var, moi vers Paris. Notre histoire allait-elle résister à une telle longue distance ?

Mais on eut beau considérer la question sous tous ses aspects, aucune autre solution ne fonctionnait : si je demandais à Annie de me suivre, je l'obligeais à mettre sa carrière entre parenthèses, et si je restais en Provence, j'abandonnais toutes mes chances de faire mes classes... Alors, que faire ? Partir et la perdre, ou rester et me perdre ?

Mon ancien professeur de français, M. Lanfrey, se serait étonné d'une telle référence, mais le choix était assurément cornélien.

À contrecœur, je fis mes valises pour Ollainville, en sachant pertinemment que notre couple n'y survivrait pas. Et ce qui devait arriver arriva : nous nous éloignâmes l'un de l'autre comme les bras d'un fleuve se divisent avant de se jeter à la mer.

Les remords vinrent m'enserrer la gorge tel un nœud coulant. Avais-je pris la bonne décision ? N'aurais-je pas dû rester aux côtés de ma bien-aimée ? Mais pourquoi diable avais-je tout gâché ?

Mes fidèles guides spirituels s'étaient efforcés de me calmer, arguant qu'il ne servait à rien de se culpabiliser car le résultat n'aurait, de toute façon, pas été différent si j'avais refusé le poste à Ollainville.

Il en était donc ainsi : nos chemins n'étaient pas programmés pour s'unir et ne faire qu'un... Soit, j'allais devoir me résigner... mais une incertitude planerait toujours : que serait devenu notre amour si j'avais décidé de rester ? Combien de temps aurait-il encore duré ?

J'ai continué de chercher Annie dans chacune des femmes qui lui ont succédé, retrouvant la discrétion de son sourire chez une, ses yeux rieurs ou la douceur de sa peau chez une autre. L'histoire des deux protagonistes dans *A Summer Place*, de leur bonheur contrarié par la bienséance et les clivages sociaux, de leur irrésistible attirance et du *happy end*, me laissait parfois envisager d'hypothétiques retrouvailles entre nous, en doux rêveur que j'étais...

Bien qu'il n'ait plus le même goût, j'ai à nouveau connu l'amour… manquant même de passer par deux fois devant monsieur le maire.

Mais que ce soit Éloïse, Annie ou les autres, toutes les femmes de ma vie me quittèrent, ou firent en sorte de mettre un point final à notre union, sans larmes ni colère, mais avec le sentiment d'avoir été reléguées au second plan.

Y avait-il une raison cachée à ces échecs amoureux ? Les habitants du ciel préféraient-ils m'avoir entièrement à leur disposition ? Craignaient-ils qu'en aimant une femme, je me détache d'eux ? Ou bien mon célibat était-il le revers de la médaille, le prix à payer pour avoir repoussé les frontières, pour avoir exploré des continents inconnus ? Dieu seul le sait, paraît-il…

Le temps aidant, je me suis fait à cette idée, tirant un trait sur le mariage, les enfants ou tout autre engagement sentimental.

En déduire que le pacte passé en 1974 sur l'île du Levant avec le monde d'en haut n'avait pas été respecté serait une grossière erreur, puisqu'il me fut permis de donner de l'amour et d'en recevoir. Et même si je n'ai pas fondé de famille au sens traditionnel du terme, j'ai créé des liens affectifs solides avec les jeunes dont je me suis occupé, avec les personnes en souffrance que j'ai pu aider, avec mes amis ou les femmes dont je suis tombé amoureux.

Je ne remercierai d'ailleurs jamais assez le ciel de m'avoir fait connaître ce délicieux émoi, même s'il fut succinct, parce que « aimer sans espoir est encore un bonheur », comme l'écrit si magnifiquement Balzac dans Le Lys dans la vallée.

D'autant que la solitude engendrée par ce célibat « forcé » n'en fut pas vraiment une, car ma vie sociale fut et continue d'être riche.

À dire vrai, je n'ai jamais été et ne suis pratiquement jamais seul, même dans mon sommeil. Et pour cause : les âmes des disparus me parlent à longueur de journée… et de nuit !

Forcément, il y a des jours avec et des jours sans, des jours où je peux emmagasiner un maximum d'informations sans sourciller et d'autres où j'arrive rapidement à saturation.

Dans ces moments-là, pour me vider la tête et mettre mon cerveau au repos, je reste enfermé dans mon garage à réparer des électrophones, des phonographes, des juke-box ou des mange-disques datant des années 70.

J'ai toujours aimé le contact avec ces vieux appareils, l'effervescence de cette décennie créative qu'ils incarnent, j'aime aussi l'idée de les « ramener à la vie ».

Le hobby ne date pas d'hier. Enfant, déjà, je m'amusais à démonter les appareils électroniques high-tech que mon père adorait acheter, pour ensuite les reconstituer à l'identique.

Mais ces pauses ne durent jamais longtemps. Dès que je remets le nez dehors, le brouhaha dans ma tête reprend comme par magie.

12

Ce concert de voix, quasi continuel, est devenu une présence familière presque aussi indispensable que celle de mon complice de toujours, Jeff.

Avec les années, les liens avec Jeff ont dépassé le stade de la simple amitié. Il veille sur moi comme un père sur son fils, me canalise quand je m'égare, me conseille et m'accompagne dans l'adversité à la manière d'un grand frère. À la fois confident, garde-fou et protecteur, Jean-François est mon ange gardien sur terre, mon jumeau de cœur, mon inséparable âm(i)e.

Jeff comme ma famille et mes amis, mes amours et, bien entendu, le ciel ont fait de ma vie un long jour de fête, me permettant d'accéder à un niveau de plénitude auquel je ne serais jamais parvenu sans eux. Un bonheur en forme de gâteau d'anniversaire, à plusieurs étages et aux multiples saveurs.

Si je confie mon histoire aujourd'hui, à soixante-dix ans bien sonnés, c'est avant tout pour partager un bout de ce succulent gâteau et pour apaiser les gens sur ce qui les attend après la vie.

C'est aussi parce qu'on me le permet.

À maintes reprises, par le passé, j'ai tenté de me livrer sans véritablement y parvenir. Soit ce n'était pas le bon moment, je ne me sentais pas prêt ou craignais de me ridiculiser, soit ce n'était pas la bonne personne, celle avec qui j'allais pouvoir mettre mon cœur à nu sans complexe, celle qui serait à même de démêler le fil de mes pensées, de transcrire mes souvenirs et traduire mes émotions sans les trahir ni me juger.

Mais alors qu'hier encore, les ombres menaçantes de mon enfance réprimaient ma parole, je sentis la situation se débloquer à mesure que les années passaient. Me raconter ne fut plus aussi pénible, mieux, cela devint une nécessité, presque une thérapie…

Les barrières tombèrent les unes après les autres comme si les forces célestes m'autorisaient enfin à témoigner. Puis arriva le jour où je fus délivré de toute appréhension, libre d'expliquer l'inexplicable, de rassurer mes semblables quant à l'après, de les aider à s'y préparer.

Ce jour-là fut jubilatoire et par-dessus tout salutaire !

Je peux désormais affirmer qu'il y a un monde lumineux derrière les nuages, qu'il y a différentes manières d'exister, que les religions trouvent leur origine dans la même source de lumière et que l'injustice des hommes est tôt ou tard rattrapée par la justice divine. Je peux aussi avancer, sans craindre de me tromper, que glisser sur la mauvaise pente n'est pas irrémédiable et que les efforts pour se redresser ne sont ni vains ni inutiles.

Je crois être là pour encourager chacun d'entre nous à se tourner à tout instant vers le ciel, dans les moments de joie comme dans les moments de doute, de peine, car les forces divines sont la plus douce et la plus radieuse lueur d'espoir qui puisse exister.

Et si ce récit permettait de faire évoluer les idées reçues sur la mort, s'il pouvait tranquilliser les personnes qui, à l'instar de mon ami Michel Delpech, refusent que l'on parle d'elles à l'imparfait, j'en serais le plus heureux !

En ce qui me concerne, savoir ce qu'il y a de l'autre côté du rideau me fut d'un précieux secours.

Avant que mon père ne nous soit enlevé, la mort était une notion abstraite dans mon cerveau d'enfant, un concept qui deviendrait éventuellement réalité dans un lointain futur. Je la voyais emporter par-ci par-là les vieillards du quartier, l'arrière-grand-mère d'un camarade d'école ou la grand-tante d'un autre, mais je n'aurais jamais imaginé que la mort puisse s'en prendre à un honnête père de famille dans la force de l'âge. Malheureusement, il en fut ainsi et ma perception à l'égard de « celle qui vient sans qu'on l'appelle », comme Barbara la nommait dans l'une de ses chansons, changea du tout au tout. Dès l'instant où je vis mon père allongé sur son lit, aussi raide qu'un bout de bois, ses mains jointes sur la poitrine, ses mâchoires serrées et son teint cireux, je me mis à craindre la mort et à la détester.

Il n'y eut plus un seul jour sans que je pense à elle, sans que je me demande où mon père était parti, s'il pouvait encore nous voir et nous entendre, s'il avait souffert. Je n'arrêtais pas de poser des questions. Pourquoi la mort m'avait-elle pris le seul homme de ma vie ? Est-ce que ma mère allait bientôt le rejoindre ? Et mes sœurs, est-ce qu'elles allaient m'abandonner elles aussi ? Et moi, quand allais-je mourir ? En quelle année ?

Cela devint une obsession.

Aussi, quand les premières prémonitions apparurent, lorsque je commençai à pressentir le décès naturel ou accidentel d'une personne, je crus que c'était lié à mes incessantes pensées morbides (on trouve toujours une logique, même dans l'absurde).

Pourquoi me montrer tous ces gens qui passent l'arme à gauche si ce n'est pour se rapprocher insidieusement de moi ? Pour me dire que je suis le prochain sur la liste ?

À force de décharger ma colère dessus, de lui donner tous les noms d'oiseaux, de la mitrailler de questions, « madame la Mort » se vengeait en me confiant le triste sort qu'elle réservait à tous ces pauvres gens, et en me rendant, par la même occasion, implicitement complice de ses noirs desseins.

« Tu me cherches ? » demandait la Mort avec un sourire narquois. *« Tu vas me trouver... »*

C'est seulement après le départ de ma mère, grâce à ses explications posthumes, que je pus comprendre ce qu'était le trépas, que je pus en finir avec cette névrose et trouver enfin la paix.

Alors, je sus pourquoi l'abbé Pierre avait proclamé haut et fort *« Quelle veinarde ! »* quand mère Teresa avait rejoint le royaume des cieux.

Aujourd'hui, je n'ai plus peur de la mort. Lorsque mon heure viendra, que mes pensées ne seront plus tournées vers l'avenir mais uniquement vers le passé, je sais quel monde m'y attend et combien il sera agréable d'y séjourner.

Le voyage se fera en douceur, au son d'une mélopée suave et aérienne, aussi belle qu'une pluie d'étoiles filantes, que j'ai baptisée « musique des anges ».

Dès qu'elle retentit dans ma tête, je sais qu'une étape est en train de se terminer et qu'une autre va bientôt commencer. C'est le passage de la vie à la mort, la transition.

Le jour où mon ami Michel me demanda, sur son lit d'hôpital, si c'était le diable qui allait venir le chercher, j'entendis cette « musique des anges » et je pus alors lui promettre qu'il n'avait pas à s'inquiéter. *« Il n'y aura ni diable ni démon autour de toi, Michel. Contente-toi de suivre la lumière blanche, elle te guidera. »*

Il faut avoir vaincu ses peurs pour oser parler de ce que l'on a vécu.

Maintenant que je m'en suis affranchi, je peux tout dire.

Regarder derrière moi et revivre des fragments d'existence ne s'est donc pas fait sans effort ni fatigue. C'est même le contraire : chaque souvenir a tout de suite ouvert un tiroir qui a libéré odeurs, dates, couleurs, paroles et mots avec la plus grande exactitude.

Ces flash-backs m'ont fait l'effet d'un bain de jouvence, ils m'ont insufflé une vivifiante bouffée d'oxygène.

Pourtant, je n'ai rien voulu omettre. En replongeant dans mon passé, j'ai ressuscité les plaisirs comme les chagrins, les victoires aussi bien que les défaites. Toutes ces nuits où, le visage inondé de larmes, je pleurais sur mon avenir, sur ma différence.

Nombre de personnes se figurent, par ignorance ou par a priori, que ma vie a été un long fleuve tranquille, une succession de journées toutes plus parfaites les unes que les autres. Combien de fois n'ai-je pas entendu : *« Oh ! Jean, il a une chance inouïe, tout lui réussit ! »*

C'est mal me connaître…

Aucun ne s'est jamais douté de la souffrance et de la peur qui me consumaient à l'intérieur. Peu savent que mon hypersensibilité a envenimé mes blessures émotionnelles, faisant exploser ma douleur à la mort de mon père et exacerbant mon sentiment d'exclusion.

Rétrospectivement, je me dis que toutes ces épreuves étaient un mal nécessaire. On ne peut réellement comprendre que ce qu'on a soi-même expérimenté.

Mais quel que soit le niveau de difficulté, la complexité du moment, je me suis adapté en allant au bout de ce que j'avais entrepris et en me forçant à rester optimiste.

Si rien n'a été simple, rien ne fut impossible.

Je ne pourrai jamais oublier cette nuit de mars 1974 où, acculé par mes visions annonciatrices tel un boxeur au bord du ring, j'avais levé les yeux au ciel en demandant ce qu'on attendait de moi. La révélation fut si fulgurante qu'elle bouleversa toute ma vie. Enfin je n'étais plus sourd à l'appel qu'on me lançait, enfin je voyais ce qui était juste sous mes yeux.

Ces forces mystérieuses m'ont soigné, consolidé et fait grandir. Il me faudrait plusieurs vies pour témoigner l'intégralité de ma gratitude.

Tout ce qui brille en moi vient de là-haut, tout ce que j'ai vécu, je le leur dois. Elles ont fait de moi un être de pleine conscience, un observateur vigilant, étroitement lié au monde qui l'entoure.

Et il faut croire que cette lumière a toujours été là, en moi. Cela expliquerait pourquoi j'avais l'impression de ne jamais être seul quand j'étais enfant, comme si quelqu'un me chuchotait dans le creux de l'oreille ; cela expliquerait aussi les fleurs de pissenlit sur lesquelles j'aimais souffler en faisant un vœu en direction du ciel, ce sentiment de faire corps avec la nature, ma fascination pour le bruit du vent dans les arbres ou mon intérêt pour la position des étoiles.

Chaque jour, tel le petit prince approchant un à un les personnages de son voyage initiatique avec un regard neuf, je continue de m'extasier devant la magnificence et la délicatesse de ce monde dont la visibilité nous échappe.

Si seulement d'autres gens pouvaient, à leur tour, aller visiter ces lointaines galaxies et se rendre compte de leur étincelante et douce clarté.

C'est à la portée de tous, j'en suis certain ! Il suffit de savoir, d'y croire, d'être à l'écoute et de ne pas faire écran à la lumière. Il suffit de fermer les yeux et de se laisser envelopper par cette chaleur réconfortante.

Plutôt simple, dans le fond, quand on y réfléchit ! Savoir et croire, croire et savoir... Ces deux verbes sont les deux auxiliaires qui me permettent de conjuguer la vie à tous les temps, les couleurs primaires qui servent à créer toutes les teintes, mes deux piliers fondateurs.

Savoir qu'une autre forme de vie succède à notre existence terrestre, c'est ne plus voir la mort comme la scène finale d'un film, mais comme la toute première image d'un nouveau long métrage dont nous sommes l'acteur principal.

Croire en un autre univers, c'est continuer d'aimer et de se laisser aimer par tous ceux qui comptaient pour nous, c'est rester en contact avec eux et être réceptif aux signes qu'ils nous envoient.

Savoir et croire, c'est caresser l'espoir de se retrouver un jour.

Parce qu'il est des ciels plus bleus que tous les autres bleus, parce qu'il est des matins qui ressemblent au premier matin du monde, je veux continuer à croire.

Quant au fait de savoir... Il est clair que je suis loin d'avoir tout vu et d'avoir tout compris.

Beaucoup de questions restent en suspens : pourquoi m'a-t-on permis, à moi qui n'ai jamais rien demandé de la sorte, de voir à travers les visages et le temps ?

Mon ADN est-il différent du commun des mortels ? Ou bien ce sont peut-être mes ruminations mentales sur la mort et mon excessive émotivité qui ont provoqué cette connexion interdimensionnelle ? Pourquoi n'entends-je que de l'oreille gauche ? Pourquoi est-ce ma main gauche qui gonfle au contact d'une douleur physique ? Pourquoi ce sont les défunts qui viennent à moi et non l'inverse ? Mes capacités vont-elles encore évoluer ?

Je ne détiens pas les réponses à ces questions, pas plus que je ne sais si les grandes lignes de la vie, les embouchures, les ramifications, les méandres sont inscrits quelque part. Si notre destin est scellé, si l'histoire est écrite à l'avance et si nous nous contentons de suivre un courant qui influence notre existence du premier au dernier jour, comme certains philosophes grecs le concevaient.

Au fond de moi, je suis persuadé que nous partons tous d'un point A pour arriver à un point B, mais qu'entre les deux, rien n'est défini. Le ciel n'agit pas à notre place, il nous laisse maître de nos choix.

Il appartient donc à chacun de nous d'utiliser son libre arbitre, de se fier à son instinct et de prendre les décisions en son âme et conscience.

C'est ainsi que je vois la vie…

Ou les vies… Car j'ai le sentiment d'en avoir déjà traversé mille et une. Certaines furent mal maîtrisées, d'autres m'ont exalté, mais toutes m'ont construit, toutes ont contribué à assembler le puzzle qui fait de moi l'homme que je suis aujourd'hui.

Et si on me donnait la possibilité de repartir de zéro, de tout recommencer… je crois que j'essaierais de faire la même chose, mais en mieux.

Au jeune garçon d'hier, je conseillerais d'avancer sans crainte, d'écouter son cœur, d'oublier les ressentiments, de se nourrir de ses rêves et de vivre comme s'il avait le pouvoir de tout changer.

Au vieil homme de demain, je suggérerais de regarder son reflet dans le miroir avec indulgence et de ne pas perdre de vue l'idée d'être heureux, puisqu'il reste encore beaucoup d'amour à venir.

Quentin

Si mon fils, Quentin, est resté, à plus de vingt ans, ce garçon timide et réservé qu'il était enfant, c'est sans doute que ses nombreuses consultations à l'hôpital lui ont conféré une certaine humilité. Quand on déambule dès le plus jeune âge avec des malades, des estropiés et des accidentés, on acquiert une maturité précoce et on finit par relativiser les bonnes et les mauvaises nouvelles.

Quentin est né avec un taux de protéine C réactive (CRP) dans le sang plus élevé que la normale. Cette protéine, synthétisée par le foie, résulte d'un mécanisme d'autodéfense. Elle apparaît lorsque notre corps est soumis à une inflammation, qu'elle soit d'origine infectieuse ou rhumatismale, et disparaît, d'ordinaire, en même temps que la réaction inflammatoire. Sauf pour Quentin, qui surexprime continuellement cette protéine C réactive, laquelle occasionne au mieux des maux de tête et des vertiges, au pire, des évanouissements.

Ce lundi d'octobre 2017, en se rendant aux bureaux de la société d'espaces verts que nous dirigeons tous les deux, Quentin sentit qu'un nouveau malaise se profilait. Il respirait difficilement et éprouvait de violentes douleurs au niveau des reins, au point de s'écrouler par terre en descendant de son camion. Alerté par les cris des ouvriers, j'avais accouru, je l'avais porté et emmené directement aux urgences de l'hôpital le plus proche. Une fois pris en charge par le personnel hospitalier, mon fils fut conduit en salle de soins, mis sous perfusion de morphine, son sang et ses urines envoyés au laboratoire d'analyses médicales.

En fin d'après-midi, les antalgiques ayant fait leur effet, les docteurs autorisèrent Quentin à sortir de l'hôpital malgré un taux de CRP bien trop important, à la condition expresse de faire contrôler ce dosage chaque jour pendant une semaine.

Le lendemain, le niveau de protéine stagnait toujours à 200 milligrammes par litre, soit trente fois plus que la norme supérieure. La mère de Quentin et moi nous faisions un sang d'encre. Jamais, auparavant, le taux de CRP de notre fils n'était monté aussi haut. Il y avait bien eu quelques pics durant son adolescence, ce qui lui avait valu un régime alimentaire spécifique, mais rien de cet ordre-là.

Je craignais pour la vie de mon fils unique et ne comprenais pas pourquoi les médecins lui avaient permis de quitter l'hôpital dans un état qui laissait présager une atteinte des organes vitaux, en l'occurrence les reins.

Le mardi soir, je reçus un appel de mon ami Paul, à qui je confiai mes tourments. Mesurant la gravité de la situation, Paul en parla à Jean, qui mit sans attendre Quentin au cœur de ses prières.

Le mercredi, mon fils était de plus en plus endolori, affaibli, et son taux de CRP n'était toujours pas redescendu. Démunis face à cette pathologie qui ne disposait d'aucun remède efficace, nous commencions à redouter le pire.

Le jeudi matin, Paul me téléphona pour me dire de ne plus m'inquiéter. Il venait de s'entretenir avec Jean et, selon lui, tout allait très vite rentrer dans l'ordre.

J'accueillis cette information avec le plus grand scepticisme. En plus de mes activités de paysagiste, je gère une exploitation agricole. Par conséquent, je crois aux saisons, à la photosynthèse et au rendement de la terre, mais pas aux vues de l'esprit. Comment cet homme, qui ne nous connaissait pas, pouvait-il avancer une telle affirmation alors que, la veille encore, les analyses de mon fils étaient désastreuses ? Je remerciai Paul d'avoir voulu me venir en aide, mais il allait falloir bien plus qu'un fakir ou un grand manitou pour nous sortir de cette mauvaise passe. C'est du moins ce que je croyais...

Les résultats de l'analyse de sang du jeudi arrivèrent sur notre boîte mail en fin d'après-midi. Les feuillets à peine sortis de l'imprimante, nous nous étions précipités sur la ligne de protéine C réactive... et quelle ne fut pas notre surprise de découvrir que le dosage CRP était tombé de 200 à 0,4 milligramme par litre !

Sous le coup de l'émotion, je m'étais affalé de tout mon poids sur une chaise. C'était incompréhensible, inimaginable, sûrement une erreur d'écriture...

Ne voulant pas crier victoire trop tôt, je téléphonai au laboratoire, qui confirma les valeurs indiquées. Mon ex-femme et moi avons mis plusieurs minutes avant de réaliser ce que cela signifiait : notre fils était hors de danger, comme ça, d'un coup de baguette magique, sans aucun traitement ! Comment était-ce possible ?

Les médecins, eux-mêmes dépassés par la situation, tentèrent de se donner une contenance en invoquant un caillot de sang qui se serait spontanément dissous, mais aucune explication scientifique ne tenait vraiment la route.

Depuis ce jour, Quentin ne connut plus aucun épisode de ce type ; il vit normalement et ne s'inquiète plus pour sa santé.

De mon côté, j'ai encore du mal à évoquer ce que je considère comme les heures les plus longues et les plus atroces de ma vie. Peut-être par peur qu'on ne m'accuse d'avoir perdu la raison ou d'avoir exagérément dramatisé…

Il n'y a qu'avec Paul, et par la suite avec Jean, que je me laisse aller en levant les yeux au ciel et en louant tous les dieux de l'univers…

Comme ma grand-mère aurait été heureuse d'entendre ça !

« L'important, ce n'est pas de connaître ses prières par cœur, c'est d'envoyer une pensée à ceux qu'on aime ! » se plaisait-elle à répéter chaque fois qu'elle me traînait à l'église.

Alors, pardon, mamie, d'avoir mis autant de temps à comprendre que tu avais raison…

Cathy

Depuis plusieurs années, mon mari Didier et moi avons l'habitude de courir cinq ou six bornes chaque week-end sur les petites routes de campagne. Mais en ce premier dimanche de septembre 2014, je n'étais pas en jambes. À la moitié du parcours, je fis même signe à Didier que je m'arrêtais là, et rebroussai chemin à grand-peine.

Je passai le reste de la journée à bouquiner dans mon jardin, installée sur une chaise longue, et allai me coucher de bonne heure. Je voulais être d'attaque le lundi matin pour la reprise du travail. Mais alors que je dormais paisiblement, un élancement dans le bas du dos m'arracha un cri, réveillant au passage mon mari. J'avais instinctivement posé les mains sur mes lombaires et senti une douleur anormalement aiguë. Pensant que j'avais fait un faux mouvement lors de notre jogging matinal, mon époux me donna un décontractant musculaire, mais le médicament n'eut pas l'effet escompté. Désemparé par mon état qui se dégradait d'heure en heure, Didier finit par appeler un médecin du SAMU. Trente minutes plus tard, des urgentistes m'embarquaient sur un brancard et filaient vers le service de garde de l'hôpital, où l'on me fit passer toute une série d'examens, qui révélèrent un kyste atypique sur le rein gauche. Compte tenu de l'aspect hétérogène de la grosseur, de son épaisseur et de la présence de calcifications, le radiologue requit une IRM pour le lendemain.

Secoués et abasourdis par la suspicion de malignité, Didier et moi étions rentrés chez nous dans un état second et avions téléphoné à Jean dans la foulée.

On demande souvent à Jean s'il s'investit ou s'il s'implique davantage pour les personnes de son entourage. Et chaque fois, il répond par la négative. Non, le fait d'avoir des liens de parenté ou d'amitié ne modifie en rien sa réaction et n'accélère pas le processus de guérison, tout simplement parce que la décision finale ne lui appartient pas. Il ne fait qu'interroger les cieux et écouter leur verdict.

Apprendre qu'une de ses amies avait probablement développé une tumeur maligne lui avait, bien évidemment, donné des sueurs froides pendant quelques secondes, mais le soulagement, presque instantané, qu'il avait ressenti après avoir concentré son attention sur moi le tranquillisa définitivement.

Tout irait pour le mieux, nous n'avions pas besoin de nous inquiéter. Telle fut la nature du message qu'il avait reçu.

« Ça va aller, Didier, soyez rassurés, j'ai demandé et il n'y a rien. »

Ce que Jean venait de nous annoncer sema le trouble dans notre esprit. Maintes fois, nous l'avions entendu relater les fabuleux retournements de situation dont il avait été témoin, et à aucun moment nous n'avions douté de sa sincérité… Mais aujourd'hui, c'était différent : j'étais personnellement concernée !

Alors, sans vouloir mettre en doute les paroles de Jean, j'avais tout de même souhaité passer cette IRM et attendre les résultats.

Le lendemain, je m'étais rendue au centre d'imagerie médicale la peur au ventre et les yeux cernés d'avoir passé la nuit à échafauder des scénarios tous plus catastrophiques les uns que les autres.

L'étroit tunnel de la machine à résonance magnétique et les bruits de martèlement ne firent qu'accroître mon anxiété, qui atteignit son paroxysme quand on me demanda de bien vouloir patienter dans une salle d'attente le temps que le radiologue interprète les clichés.

Assise sur une des chaises en polypropylène fixées au sol, je n'arrivais plus à contrôler l'agitation de mes jambes. Est-ce que Jean avait vu juste ? J'avais confiance en lui, mais un kyste ne pouvait passer de cancéreux à bénin d'un jour à l'autre comme par enchantement…

Au bout d'un temps qui me parut infiniment long, un médecin s'avança vers moi d'un air hagard et me tendit les vues obtenues grâce à l'IRM.

« Voilà, madame, vous pouvez rentrer chez vous, tout va bien. »

J'avais écarquillé les yeux d'incrédulité.

« Qu'entendez-vous par "tout va bien", docteur ? Hier, on me découvre une tumeur maligne sur le rein et aujourd'hui, vous prétendez que ça va ?

— Vous ne semblez pas m'avoir reconnu, madame, ce qui est tout à fait compréhensible étant donné la dose d'antalgiques que l'on vous avait administrée, mais je suis le médecin qui a analysé vos examens hier… et tout ce que je peux vous dire, c'est qu'une masse kystique douteuse de plusieurs millimètres apparaissait à l'échographie et au scanner il y a moins de vingt-quatre heures…

alors que l'IRM de ce jour ne décèle aucune anomalie. Ce n'est pas une erreur d'interprétation, puisque des confrères ont abouti au même raisonnement, ce n'est pas non plus un dysfonctionnement de la machine... c'est juste improbable. Voilà quarante ans que j'exerce ce métier et je n'ai jamais rien vu de pareil ! »

Par sécurité, le radiologue me conseilla d'aller prendre un deuxième avis médical. Mais quand je lus les coordonnées de cet autre spécialiste, je sus que cela ne serait pas nécessaire : docteur Jean, clinique Saint-Jean, à Saint-Jean-du-Var… Il ne pouvait y avoir autant de coïncidences…

Rosanna Arquette

J'ai rencontré Jean par l'intermédiaire de mon amie Jo Champa, actrice italienne et mannequin, lors de la période la plus sombre de ma vie.

Ma sœur Alexis venait juste de trouver la mort et les agissements pervers de Weinstein, que j'avais été l'une des premières à dénoncer, avaient été rendus publics.

J'étais anéantie sur le plan professionnel et personnel.

Depuis que ma sœur adorée Alexis avait quitté notre monde, en 2016, après des semaines d'insupportables souffrances, j'avais la sensation de tomber interminablement d'une très haute falaise sans jamais toucher le fond.

Je savais que ma sœur, née frère, s'était enfin libérée de ce corps dans lequel elle se sentait prisonnière, mais la douleur du deuil m'avait entraînée dans une spirale dépressive.

D'autant que j'étais fragilisée par ce qui allait devenir, pour le monde entier, l'« affaire Weinstein », et qui était déjà pour moi une affaire capitale.

Dans les années 1990, quand je voulus publiquement accuser le cofondateur de Miramax d'agression sexuelle, presque tout Hollywood me tomba dessus en me faisant comprendre qu'il serait préférable de ne rien dire… L'omerta dura jusqu'à ce que d'autres femmes osent, à leur tour, prendre la parole. Mais pendant toute cette période pré-#MeToo, je fus critiquée, blâmée, vilipendée et menacée. Je subis aussi le boycott des agents et des producteurs de cinéma, et ma carrière fut réduite en miettes.

À la minute où Jean se posa en face de moi, il vit les démons contre lesquels je luttais, les gens qui me voulaient du mal, ceux qui se mettaient volontairement en travers de ma route. Il perçut toute la noirceur et la négativité qui m'entouraient, sans jamais se tromper.

Tout ce qu'il m'annonça se concrétisa dans les moindres détails.

Grâce à lui et à nos multiples discussions, je pus éloigner toutes ces personnes malveillantes et dissiper les ténèbres dans lesquelles je m'étais enfoncée. Je pus aussi, avec son soutien, aller au bout de mon combat contre Weinstein et plus généralement contre les violences faites aux femmes.

Jean est un être éclairé, un cadeau du ciel. Il n'est ni manipulateur ni malsain, il ne juge ni ne critique jamais qui que ce soit. Son seul but est d'apporter un peu de lumière dans nos vies.

Le jour où je pus parler à ma défunte sœur à travers lui, Jean ensoleilla toute mon existence.

Pour ça et pour tout le reste, je lui serai éternellement reconnaissante.

Véronique Jannot

Quand j'ai rencontré Jean pour la première fois, j'avais déjà tellement entendu parler de lui que j'eus l'impression de le connaître depuis des lustres.

Le concept de médiumnité ne m'était pas étranger. Maman étant elle-même médium et pratiquant l'écriture automatique, j'avais déjà partagé des expériences extrasensorielles avec elle.

Il n'empêche que j'avais vraiment hâte de me retrouver en face de ce personnage dont on m'avait vanté l'exception.

Je découvris un homme à la fois simple et singulier, souvent perdu dans ses pensées, qui ne suivait pas les conversations, semblait avoir l'esprit ailleurs, puis tout à coup fixait une des personnes assises à table et se mettait à lui parler d'un de ses proches disparus, à lui donner un nom ou l'initiale d'un prénom, comme si les défunts lui parlaient directement à l'oreille.

En l'observant avec attention, on pouvait entrevoir son visage se modifier sous l'effet d'une impulsion extérieure que l'on devinait mais qui n'était visible que de lui seul.

Pour avoir vu ma mère communiquer avec des personnes défuntes à travers des séances d'écriture automatique, je savais qu'il existait des portes entre le monde des vivants et le monde astral. Et de toute évidence, Jean détenait les clefs de certaines d'entre elles.

Depuis le mois de septembre 2004, Roland Giraud et moi jouions *Avis de tempête* au Théâtre des Variétés, à Paris.

Un soir, avant la représentation, Roland me fit part de son inquiétude. Cela faisait plusieurs jours qu'il n'avait pas de nouvelles de sa fille Géraldine et il commençait à se poser des questions. Avant de s'alarmer, Roland voulut attendre jusqu'à la fin de la semaine pour voir si Géraldine allait lui téléphoner, comme elle en avait l'habitude.

Le dimanche, voyant que sa fille ne l'avait toujours pas contacté, Roland alla signaler sa disparition à la police qui ouvrit immédiatement une enquête.

Le temps passa. Un jour, une semaine, puis deux…

Chaque soir, en rejoignant mon partenaire de théâtre, je comprenais rien qu'en le regardant que sa fille ne s'était toujours pas manifestée. Alors, sans le lui dire, je décidai d'en parler à Jean pour tenter d'obtenir une information.

Dix-huit ans après, je me souviens encore de chacun de ses mots.

Jean m'avait d'abord fait répéter quatre fois le prénom de Géraldine, d'une voix autoritaire que je ne lui connaissais pas, puis il avait tenu des propos extrêmement pessimistes qui m'avaient fait froid dans le dos.

« C'est un drame... et c'est une histoire de femmes... Est-ce qu'il y a une femme plus âgée autour d'elle ?... Je vois une dispute... Renseigne-toi... Je ne peux pas t'en dire plus mais renseigne-toi. »

Le lendemain, en arrivant aux Variétés, j'avais essayé d'obtenir des réponses aux questions de Jean.

« Excuse-moi de te déranger, Roland, mais il faut que je te pose une question : est-ce que tu sais si Géraldine s'est disputée avec quelqu'un avant sa disparition ? »

Roland, ayant déjà dû explorer toutes les pistes, ne sembla pas surpris par cette demande.

« Oui, je sais que Géraldine et sa tante se sont disputées très fort avant son départ... mais je ne sais pas à quel sujet. »

La tante de Géraldine ? Cela correspondait à la description de Jean... Mon inquiétude grandit car je ne l'avais jamais vu se tromper. Je m'étais alors dépêchée de lui envoyer un message avant de monter sur scène

Moi : « Tu avais raison, Jean, la fille de Roland s'est effectivement disputée avec une femme plus âgée. Il s'agit de sa tante maternelle. »

Jean : « Tu vois, je te l'avais dit… c'est exactement ce qu'on m'a montré… mais ce n'est pas tout… Mon Dieu, mon Dieu, je vois des pierres, beaucoup de pierres… je ne peux pas t'en dire plus, mais c'est un drame. »

Contrainte à garder le silence devant ce drame annoncé, je priai chaque jour pour que les investigations policières contredisent les visions de mon ami médium.

Un soir de décembre, Roland m'avoua avoir consulté une voyante. Celle-ci prétendait que sa fille était en vie mais qu'elle ne pouvait pas revenir pour le moment. Je m'étais alors dit que Jean était peut-être dans l'erreur… et que cela n'en serait que mieux.

Mais le lendemain soir, en arrivant au théâtre, Roland, dévasté, nous annonça que le corps de sa fille avait été retrouvé dans un puit, sous des pierres.

Ce fut un choc terrible. J'étais effondrée en songeant à la douleur de mon ami et de sa femme Maaïke qui avaient gardé espoir après les dires de cette voyante.

Que dire en pareilles circonstances ? J'étais incapable de trouver les mots. Aucune parole n'aurait pu soulager un si grand malheur.

Je ne pouvais que regretter que Jean ait vu juste...

Des années ont passé depuis cette tragédie et les visions de Jean ont continué de surgir à l'improviste. Lui n'a pas changé. Il navigue en permanence d'un monde à l'autre, fait toujours preuve d'une profonde humanité et d'une honnêteté absolue, ravivant le souvenir de ceux que l'on a perdus sans aucun support, avec seulement une ou deux lettres qui semblent flotter au-dessus de nos têtes.

De ces lettres se forme un prénom, M comme Marie, S comme Serge... puis se dessinent les contours d'un visage et enfin les éléments d'un décor, alors c'est tout notre passé qui ressuscite grâce à lui.

Si Jean nous permet de tendre un fil entre hier et aujourd'hui, il peut aussi être le moteur de demain en orientant notre futur et en nous guidant sur le chemin de notre destinée. Car il connaît nos possibilités avant que nous les connaissions nous-même.

Tous ses mots et ses pensées ont une seule vocation : éclairer notre présent et nous emmener là où on doit aller.

Monique

Je connais Jean depuis une quinzaine d'années maintenant. C'est donc peu dire que j'ai entendu une foule d'histoires toutes plus sensationnelles les unes que les autres concernant ses surprenantes annonces et visions prémonitoires.

Comme la date à laquelle un homme était censé sortir d'un coma profond, comme cette actrice qui allait apprendre l'existence d'une sœur cachée, ou – encore plus épatant – les fortes idées suicidaires d'un jeune homme que Jean ne chercha pas à apaiser tellement il était sûr que la mort ne voudrait pas de lui !

Son excellente mémoire m'a toujours impressionnée. Je me demande tout le temps comment il fait pour se souvenir de tous ces prénoms, de la situation personnelle de tous ces gens qu'il a un jour croisés, des mots qu'ils ont prononcés lors de leur rencontre, de leurs attentes. Comment, surtout, fait-il pour se remémorer ces scènes du passé avec autant d'émotion que s'il était en train de les vivre dans le présent ?... C'est tout bonnement ahurissant !

Quant à savoir si Jean dit ou non la vérité, la question ne se pose même pas… Autant se demander si la terre est ronde !

Pour avoir été très souvent à ses côtés, je sais qu'il recherche toujours l'exactitude.

Aujourd'hui, j'en ai suffisamment vu et entendu pour ne jamais douter de lui… ni, d'ailleurs, de l'existence d'un autre monde, hors de notre portée.

J'en ai moi-même fait l'expérience en deux occasions.

La première fois, c'était en plein été. Jean et Jeff m'avaient rejointe vers dix-huit heures dans un restaurant provençal tenu par une amie.

Le repas terminé, nous avions prolongé cette douce soirée en discutant jusqu'à pas d'heure sous un ciel étoilé.

Puis vint le temps des au revoir. Jean choisissait ce moment pour s'attarder et devenir loquace, papillonnant avec entrain de l'un à l'autre, retenant l'attention d'untel ou bavardant avec son voisin de table sur un sujet lambda.

J'avais déjà remarqué qu'il se comportait chaque fois de cette manière quand les personnes qui l'entouraient prenaient congé. Comme s'il retardait le plus possible la séparation.

Redoutait-il de se retrouver seul ou, en couche-tard qu'il était, voulait-il juste repousser l'heure d'aller au lit ?

Impossible de le savoir… Seul constat : son agitation s'intensifiait à mesure que les convives rentraient chez eux.

Jean parla encore de longues minutes avec mon amie restauratrice, puis il s'avança vers moi avec un demi-sourire. Mais au lieu de me claquer une bise sur chaque joue, comme il est de tradition dans le sud de la France, Jean se figea à quelques centimètres de mon visage et murmura des paroles que je ne suis pas près d'oublier…

« Entre pas maison... gression...

— *Qu'est-ce que tu as dit, Jean ? Je n'ai pas compris.*

— *Agression,* articula-t-il, *j'ai entendu ce mot, agression, très fort ! »*

Mon sang ne fit qu'un tour.

« Une agression ?... Mais de quoi parles-tu, Jean ?... Est-ce que tu penses que je vais me faire agresser ? »

Jean rassembla ses idées avant de poursuivre.

« Non, pas toi... Quelqu'un de ton entourage.

— *Pas moi ? Tu en es certain ?*

— *Oui, absolument. On me dit que ce n'est pas toi, que tu peux rentrer chez toi... C'est une personne que tu connais... quelqu'un sera dans sa maison... Dis-le à toute ta famille. Ils ne doivent faire entrer aucun étranger, aucun jeune dans leur maison... »*

Sous le coup de cette terrible menace, j'avais précipitamment appelé mon fils et laissé un message à tous les membres de ma famille, ainsi qu'à mes amis… quitte à passer pour une cinglée.

Puis j'étais rentrée chez moi les tripes nouées, en me retournant toutes les trente secondes pour vérifier si je n'étais pas suivie.

Le lendemain, une cousine me téléphona pour m'annoncer la mort de sa maman, ma tante, alors âgée de quatre-vingt-seize ans. Celle-ci avait été assassinée la veille au soir par l'ancien petit ami de sa petite-fille… quelques heures après la prédiction de Jean.

Le choc m'avait fait lâcher le téléphone. J'étais atterrée, aussi sonnée qu'un boxeur ayant reçu un uppercut sous le menton.

Ma pauvre tante… Je m'en voulais de ne pas avoir été plus réactive, de ne pas avoir davantage insisté quand elle n'avait pas répondu à mes appels, de ne pas m'être déplacée ou au moins avoir envoyé quelqu'un chez elle, malgré l'heure tardive.

Les yeux encore emplis de larmes, j'avais téléphoné à Jean pour tout lui raconter, et lui avais demandé, par acquit de conscience, si moi ou l'un d'entre nous aurions pu agir pour éviter ce drame… ou si tout était décidé d'avance.

« Je pense que notre vie est en partie modulable », m'avait-il répondu après avoir laissé passer quelques secondes. *« Pourquoi, sinon, me montrer un danger à venir, pourquoi me communiquer ces renseignements si ce n'est pour effacer un destin et laisser la place à un autre ? »*

Ce triste épisode me prouva, une fois encore, que les personnes comme Jean sont là pour nous éclairer, pour révéler ce que nous ne pouvons discerner, et nous faire comprendre qu'une partie de nous subsiste après la mort…

La deuxième fois fut encore plus spectaculaire.

Jean et moi étions en pleine conversation téléphonique, à discuter de choses et d'autres, un soir d'hiver froid et bruineux, quand il me coupa subitement la parole.

« Mine... ou ine... Ça te dit quelque chose, Monique ?

— Mine ?

— Oui, c'est une femme, elle me dit qu'elle est ta mère...

— Ma mère ?... Elle se prénommait Géromine... mais c'est vrai que je l'appelais Mine...

— Je la vois, elle est juste devant moi ! Elle me sourit, elle semble heureuse, épanouie.

— Oh, mon Dieu, Jean...

— Je vois ses cheveux qui volent au vent, ils sont blonds, presque blancs, son visage est très pâle... Elle porte une écharpe, une longue écharpe blanche à franges,

un peu comme celle du petit prince... Je la vois de profil, elle est à moitié assise ou allongée dans une sorte de lit ramier, tout là-haut dans le ciel. Je vois ses pieds dépasser, ils sont tout petits ! Son lit tourne autour de la Terre, de la gauche vers la droite, comme les aiguilles d'une montre...

— *Est-ce que... ?*

— *Attends*, m'intima énergiquement Jean pour que je le laisse parler... *Elle s'est arrêtée... Elle m'indique deux initiales... J et M... pour... Jacques et Marie... Elle... Elle ne parle plus... Son lit recommence à tourner autour de la Terre... C'est si beau... Attends !... Elle ralentit à nouveau... On dirait... On dirait que ta mère veut encore me parler... Oui, c'est ça... Elle me dit qu'elle a retrouvé son frère... F... François... que...* »

J'avais fixé le téléphone avec suspicion, avant de me rendre compte que la communication avait été brutalement interrompue, laissant le récit de Jean en suspens.

Dehors, la pluie redoublait d'intensité et un orage grondait au loin. Une atmosphère à l'opposé de celle que Jean m'avait dépeinte juste avant.

J'imaginais ma mère survolant un ciel d'un bleu cristallin, je visualisais son beau sourire qui m'avait accompagnée durant toute mon enfance, ses petits pieds, ses vêtements blancs...

La description que Jean m'en avait faite lui ressemblait tant... Et ces prénoms... François, son frère, Marie, sa sœur, et Jacques, son beau-frère... Des membres de ma famille dont je ne lui avais jamais parlé... Comment était-ce possible ?

La sonnerie Vivaldi de mon portable me fit sursauter.

Jean me rappelait. Il reprit là où nous nous étions arrêtés quelques secondes plus tôt, sans transition.

« Il n'y a plus rien, Monique, plus rien... ta mère est partie... Mon Dieu, Monique, c'est la première fois que l'on me montre l'astral. Tu te rends compte ? On m'a vraiment emmené dans l'astral... dans leur monde ! C'était si beau, si éblouissant et si paisible... Je n'avais jamais vu un défunt flotter dans les airs ainsi, autour de la Terre, et jamais auparavant je n'avais été moi-même transporté dans le cosmos. Dieu sait que j'ai vécu des expériences saisissantes dans ma vie... avec ma mère ou avec Patrick... mais jamais aussi bouleversantes ni aussi vivantes qu'aujourd'hui. Je me suis retrouvé en totale communion avec le ciel, j'ai senti un immense amour se diffuser en moi... Le spectacle était fascinant, paradisiaque, digne d'un conte d'Andersen ou de Perrault. Tu me connais, Monique, tu sais que je n'invente pas ?

— Oh oui, Jean, je te connais. Je sais à quel point tu es fidèle à tes visions.

— Attends... Elle revient... Oh, mon Dieu, Monique, elle arrive de l'autre côté, maintenant... par la gauche et par le bas de la Terre... Son écharpe forme une longue traînée blanche dans le ciel... On dirait qu'elle se marre... Oui, elle rit à pleines dents ! Elle me dit qu'elle a failli oublier... Elle dit : "Ahhhhhh j'oubliais... R... René..." Tu sais qui c'est, Monique ?... Oh ! Mais la voilà qui fait un signe de la main. Elle repart déjà, comme si quelque chose l'attendait là-bas... quelque chose de formidable...

— R... René... mon père... »

Je voulus parler, mais les mots restèrent bloqués en travers de ma gorge. Chaque cellule, chaque membrane et chaque fibre de mon corps était anesthésiée, vidée de son énergie. J'avais même l'impression que mon cœur s'était arrêté de battre.

Ce silence, cette paix intérieure, assourdit pendant un temps les coups de tonnerre et le martèlement des gouttes de pluie sur le toit.

Quand la rumeur du monde extérieur se remit à bourdonner dans mes oreilles, je sus que je revenais doucement à la vie.

À l'autre bout du fil, Jean, encore absorbé dans la contemplation de cette apparition mystique, demeura lui aussi un long moment silencieux, avant de déclarer :

« C'est incroyable, Monique... je crois que ta mère est revenue juste pour me dire qu'elle avait oublié le plus important. Son mari, René, ton papa... C'est pour cela qu'elle riait... j'en suis certain !... Mon Dieu, si c'est ça, le ciel, alors personne ne devrait avoir peur d'y aller ! »

Tout se bousculait dans ma tête... ma mère qui était venue voir Jean... puis l'évocation de mes oncles et de ma tante... et enfin, le prénom de mon tendre père... Ma première pensée fut de me dire que la mémoire de ma mère, autrefois défaillante, semblait avoir recouvré toutes ses capacités.

Puis je songeai à Jean, trouvai qu'il était sacrément chanceux... Moi, j'aurais donné tout ce que je possédais pour revoir l'un de mes parents, pour être à sa place...

« C'est grâce à eux, Monique, tu sais... Grâce à tous les êtres de lumière. Ce sont eux qui m'ont donné la clef, qui m'ont permis d'ouvrir cette porte et d'assister à cette scène surnaturelle et flamboyante... Alors qu'il y avait l'orage, alors qu'il y avait la pluie et que nous parlions de tout autre chose... je me suis brusquement retrouvé dans un univers si fantastique qu'on aurait dit un décor de cinéma... Et même si cela ne dure que le temps d'une soudaine et courte éclaircie entre deux averses, ma reconnaissance est sans bornes. Après les voix, les visions,

la main gauche et les guérisons, voilà qu'on m'offre un nouveau précieux cadeau en m'emmenant encore plus loin sur des territoires jusque-là inexplorés, en me laissant approcher encore plus près de la vérité. Comment ne pas croire en une autre forme de vie quand on voyage ainsi dans le merveilleux ? »

Merveilleux, féerique, époustouflant… aucun qualificatif n'aurait été suffisant pour décrire ce que nous venions de vivre.

Michel

Chaque année, en France, environ 140 000 personnes sont victimes d'un accident vasculaire cérébral. Soit un AVC toutes les quatre minutes !

Sur ces 140 000 personnes, 30 000 en décèdent, 75 % des survivants gardent des séquelles plus ou moins importantes (déficit moteur, problèmes d'équilibre, de mémoire, du langage, troubles sensitifs ou visuels), 30 % souffrent de dépression l'année suivante et seuls 40 % reprennent une activité professionnelle à plein temps…

Dans quel groupe de statistiques se serait retrouvé mon mari si nous n'avions pas connu Jean, s'il n'était pas venu lui sauver la vie ? Je n'ose y penser…

Ce samedi avait pourtant bien commencé. Nous déjeunions avec ma sœur chez nos parents dans une bonne humeur collective. Les conversations féminines tournaient autour des derniers préparatifs pour la fête des Mères du lendemain, tandis que Michel parlait avec mon père de son entreprise de terrassement.

En bref, tout était normal. Aussi, je ne jugeai pas utile de m'inquiéter lorsque mon mari ouvrit et ferma sa main droite plusieurs fois de suite.

Pas plus quand son œil gauche se mit à rapetisser et que sa bouche se déforma en un étrange rictus. Michel étant joyeux, loquace et taquin de nature, je crus qu'il voulait amuser la galerie comme il le faisait souvent.

C'est quand il ne répondit pas à mes appels, que son bras droit se raidit et qu'il s'écroula sur la table que je saisis l'ampleur de la catastrophe et que notre apparente tranquillité bascula soudainement dans l'horreur.

S'ensuivit un mélange de grande agitation, de stress intense et de total désarroi.

Quelqu'un appela le SAMU, pendant que mon père et moi essayions de soulever Michel pour l'allonger sur le sol. Son corps était tellement lourd et rigide qu'il nous fallut demander de l'aide aux voisins. Nous n'arrêtions pas de lui parler, de tenter de le faire réagir, mais Michel gardait les yeux fermés et ne revenait toujours pas à lui.

Le service d'aide médicale d'urgence et les pompiers arrivèrent en même temps. Aussitôt le seuil franchi, le médecin urgentiste se dépêcha de placer Michel en position latérale de sécurité, il procéda aux premiers examens et lui posa un masque à oxygène sous nos regards paniqués. Puis il établit son diagnostic : AVC sévère, hémiplégie droite, perte de conscience, perte du langage, antécédents de tabagisme actif.

Tétanisée par le choc, j'enfouis mon visage dans mes mains et me retins à l'épaule de mon père pour ne pas tomber. Me voyant prête à tourner de l'œil, un ambulancier me conseilla de m'asseoir pendant qu'ils installaient Michel sur la civière. De toute façon, je ne pouvais rien faire d'autre, car l'épidémie de Covid-19 m'interdisait de l'accompagner.

Quand le véhicule d'intervention disparut de notre vue, ma première pensée fut pour mes enfants. Il allait falloir les avertir... mais comment leur annoncer la nouvelle sans les affoler ? J'allais devoir m'en tenir au minimum, dédramatiser les faits, les rassurer. Avec des gestes lents, je parvins à me lever du canapé, à récupérer mon portable et à m'éloigner pour leur téléphoner d'une voix chevrotante.

Entre-temps, je constatai que mon beau-frère nous avait rejoints. Il s'enquit de la situation, s'entretint rapidement avec ma sœur, puis alla s'isoler pour passer un coup de fil. Dehors, de mon poste d'observation, je regardais les membres de ma famille s'activer dans tous les sens, préparer du café, essayer de joindre l'hôpital ou un de leurs contacts dans le milieu médical, alors que je ne savais pas quoi faire pour me rendre utile.

La voix de mon beau-frère me tira de ma torpeur.

« J'ai appelé Jean, m'informa-t-il en me serrant dans ses bras.

— *Qui ça ?*

— *Tu sais, Jean, notre ami voyant...*

— *Ah... et alors ? Il t'a dit quelque chose ?*

— *Il va le sortir de là, Corinne, il me l'a promis. »*

Le sortir de là... Comment cet homme pouvait-il affirmer une chose pareille ? Il n'avait jamais vu Michel et n'avait même pas connaissance de son dossier médical... Plutôt culotté, comme annonce !

J'essayai de me souvenir de ce que mon beau-frère et ma sœur m'avaient raconté à son sujet. *« D'apparence, il est comme toi et moi, Corinne, mais en réalité, c'est un ange déguisé en humain. »*

Un ange ?... Eh bien, c'était ce qui pouvait nous arriver de mieux en l'état actuel ! Un envoyé du ciel ne serait pas de trop pour sauver la vie de mon mari. Restait à espérer qu'il n'arriverait pas trop tard...

Malheureusement, les premières nouvelles qui nous parvinrent dans la soirée ne furent guère encourageantes. L'IRM encéphalique avait confirmé le diagnostic d'un AVC sylvien gauche aigu, le caillot obstruant la circulation sanguine était situé sur une grosse artère cérébrale, les médecins allaient faire leur possible pour le dissoudre, mais Michel risquait de rester paralysé.

Cette fois, je ne pus retenir mes larmes, pas même devant mes deux enfants, qui s'étaient débrouillés pour venir chez leurs grands-parents plus tôt que prévu.

Nous rentrâmes tous les trois à la maison dans un silence étouffant et passâmes la nuit au téléphone, à répondre aux questions des uns et des autres ou à attendre des nouvelles de l'hôpital. Toutes les deux heures, ma sœur m'appelait ou me textotait pour me tenir compagnie et me transmettre les messages de son ami voyant.

« Il a immédiatement vu son prénom, Corinne, alors que je ne le lui ai jamais donné. "Qui c'est, M ? On me parle d'un Michel..." Voilà ce qu'il m'a dit. Puis il me l'a fait répéter trois fois. Sans doute pour fixer toute son attention dessus... Il s'en occupe, Corinne, crois-moi. Il ne le lâchera pas. »

Michel est entre de bonnes mains... Michel est entre de bonnes mains... Voilà ce que je tentais de me faire entrer dans le crâne.

Je réussis à m'assoupir quelques heures avant le lever du jour. Un sommeil agité, durant lequel je revis Michel à notre mariage, si élégant dans son costume beige, puis à la maternité pour la naissance de notre premier enfant, un immense sourire lui barrant tout le visage ; il m'apparut ensuite assis sur un fauteuil roulant, la tête penchée sur le côté et de la bave dégoulinant sur son menton, nos deux enfants hurlant à ses côtés.

La sonnerie du téléphone me réveilla en sursaut et il me fallut au moins dix secondes pour m'extraire de ce cauchemar. À l'autre bout du fil, la voix claire et posée m'aida à chasser ces atroces images de ma mémoire. L'intervention s'était bien passée, le caillot avait été dissous et Michel était remonté dans une chambre de l'unité neurovasculaire. Les visites étaient permises. Une seule personne pour le moment.

Je m'étais douchée et habillée en quatrième vitesse, en ayant juste le temps de lire le dernier message de ma sœur, envoyé à 6 h 43 : « Jean est confiant. Il a vu un J. La mère de Michel s'appelait bien Josiane ? Il dit qu'elle le protège. »

Si on m'avait demandé, comme ça, d'un seul coup, d'ingurgiter une potion à base d'œil de grenouille ou de langue de chat, en m'assurant que ça pouvait aider mon mari, je l'aurais fait sans sourciller. Je profitai donc du trajet entre la maison et l'hôpital pour m'adresser à ma défunte belle-mère, qui avait succombé à la maladie de Charcot cinq ans plus tôt : *« S'il vous plaît, Josiane, faites que cet ange tombé du ciel ne se trompe pas. Michel ne peut quand même pas mourir le jour de la fête des Mères ! »*

Ne sachant dans quel état j'allais retrouver mon époux, je pris le temps de me composer un visage rassurant, avant de pousser la porte de sa chambre. Et là, surprise ! Je vis Michel tourner la tête vers moi et esquisser un mince sourire ! Certes, il avait l'air fatigué, mais il était parfaitement conscient et semblait m'avoir tout de suite reconnue. Un exploit, compte tenu de la sévérité de la crise qu'il avait eue la veille…

Comme il avait du mal à s'exprimer, l'infirmière me conseilla de lui poser des questions qui n'appelaient que des réponses brèves, et je passai l'heure de visite à jouer au jeu du oui-non. Oui, il se sentait bien, pouvait bouger tous ses membres. Non, il ne savait pas qu'il avait fait un AVC sévère, il ne s'était rendu compte de rien et pensait avoir eu des calculs rénaux !

Vers midi, après être repassée chez moi pour récupérer des affaires, je rejoignis mes parents, ma sœur et mes enfants dans un restaurant à proximité de l'hôpital. Les festivités avaient bien évidemment été annulées, néanmoins nous avions besoin de nous réunir, si possible ailleurs que sur les lieux du drame ; et c'est avec des yeux brillants d'émotion que nous portâmes un toast à la santé de Michel.

En fin d'après-midi, après y avoir été autorisée, je retournai voir mon mari, cette fois-ci accompagnée de mon fils et ma fille ; et là encore, il nous épata. Même si leur père avait toujours des difficultés à articuler, qu'il piquait du nez de temps à autre et ne semblait pas conscient d'avoir frôlé la mort, nous fûmes tous les trois étonnés de le voir si lucide et alerte. En regardant mon nouveau sac à main, il se rappela que c'était le cadeau de fête des Mères choisi par nos enfants, et réussit même à parler quelques instants à ses parents par Skype ! C'était à peine croyable !

À partir de là, je commençai à penser que les prophéties de ce voyant allaient vraiment se réaliser et je les pris un peu plus au sérieux. Quelle était la dernière, déjà ? Ah, oui : *« Dis à ta sœur que je m'occupe de lui. C'était très grave, il a failli partir deux fois, mais il va s'en sortir et n'aura plus aucune séquelle. »*

Plus aucune séquelle ?... Je voulais tant y croire...

Il s'avère que l'état de santé de Michel continua de s'améliorer chaque jour de manière notable, déjouant les statistiques et les pronostics médicaux. Son élocution, bien que toujours lente et irrégulière, redevint plus fluide, puis il fut capable de se lever du lit et faire seul sa toilette. En moins de deux, il put également prendre ses repas assis, se déplacer en fauteuil roulant et même danser dans les couloirs de l'hôpital pour nous faire rire !

« C'est extrêmement rare de se remettre aussi vite d'un AVC, nous confièrent les infirmières. *Surtout sans rééducation, sans ORL ni orthophoniste ! Ça tient carrément du miracle ! »*

Nous non plus, nous n'en revenions pas…

Les résultats de ses examens étant bons malgré une fatigue générale et des pertes de mémoire, Michel sortit de l'hôpital seulement six jours après y avoir été transporté pour une urgence vitale. Notre médecin de famille crut d'ailleurs à une mauvaise blague en constatant que la radiographie de son attaque cérébrale datait de moins d'une semaine…

« Ce n'est pas possible, vous devez vous tromper, Corinne... Votre mari ne présente aucun trouble de la coordination ni du langage, il n'a rien perdu de sa motricité... Vous êtes sûrs qu'il s'agit bien d'un AVC ? Peut-être était-ce un accident vasculaire transitoire, du type AIT ?

— Eh non, docteur... c'était bien un AVC... Vous n'avez qu'à lire le compte rendu... Il y est écrit : "récupération quasi ad integrum *de son déficit initial après un AVC capsulo bla-bla-bla.... bla-bla-bla". Je n'ai pas pris option latin à l'école, mais ça ne m'empêche pas de comprendre le sens de l'expression* ad integrum... *Oh ! Et vous ne connaissez pas la meilleure ! Michel ne fume plus ! Lui qui s'en grillait une avant même d'avaler son café le matin depuis cinquante ans, voilà qu'il ne met*

plus une seule cigarette à la bouche depuis sa sortie de l'hôpital ! Il n'en ressent même pas l'envie !... Comme si son corps avait un beau jour décidé d'oublier cette addiction... Et dire que cela faisait des années que je le tannais avec ça... C'est quand même hallucinant, non ? »

Cette partie-là de l'histoire étant suffisamment peu orthodoxe pour un médecin, je me gardai de lui parler du chapitre qui avait trait au destin.

Celui qui avait mis un médium-guérisseur sur notre chemin pile au moment où nous en avions besoin.

Car, sans ma sœur, je n'aurais pas connu Jean, et, sans Jean, le scénario aurait pu être tout autre. Des séquelles plus graves, un rétablissement plus long, ou pire encore... Or, il faut savoir que je suis restée fâchée plus de douze ans avec ma sœur et qu'au moment du drame, cela faisait tout juste six mois que je lui reparlais... Six mois durant lesquels nous nous sommes rapprochées et confiées l'une à l'autre.

C'est ainsi que j'appris l'existence de Jean, et c'est ainsi qu'il sauva la vie de Michel six mois plus tard.

Là où je vois un exceptionnel alignement des planètes, mon médecin de famille aurait conclu à de banales coïncidences...

Pour ne jamais oublier ce que Michel, les enfants et moi devons à cet être hors du commun, je demande chaque soir au ciel de veiller sur lui, et je sais que ma prière viendra s'unir à celles de toutes les personnes qu'il a aidées.

Jeff

La première fois que j'aperçus Jean, il était venu suivre une formation de photographe à la base militaire Commandant-Nicolas de Toulon, où j'étais en poste.

Je l'avais trouvé plutôt sympathique, simple et sans façon, contrairement aux autres gars du site qui avaient tendance à rouler des mécaniques, sans me douter un seul instant de cette double identité qui le minait.

Quelques mois plus tard, le hasard fit que l'on me muta au poste Titan de l'île du Levant, juste à côté du sémaphore, là où Jean était basé depuis 1969, et que l'on partagea la même chambre.

Nous nous sommes donc retrouvés à passer toutes nos journées ensemble, vingt-quatre heures sur vingt-quatre, cinq jours sur sept… mais toujours rien de suspect à mes yeux.

Ce n'est que lorsque j'ai commencé à le côtoyer le week-end, en dehors du cadre professionnel, que certains comportements vinrent m'interpeller.

Que ce soit à la terrasse d'un bar, dans un restaurant ou chez des amis, je constatai que pléthore de gens demandaient à lui parler. Des jeunes autant que des vieux, des hommes et des femmes de La Seyne-sur-Mer ou d'ailleurs, il y avait tout un patchwork d'humains constamment pendu à ses basques… Ces agissements étaient troublants, mais, n'étant pas d'un naturel curieux, je gardai ces observations pour moi et ne cherchai pas à en savoir plus… tout au moins au début.

Les mois passant, la répétition de ces énigmatiques apartés suscita de plus en plus de questions. Qu'est-ce que ces personnes pouvaient bien lui vouloir ? Que lui racontaient-elles ?

J'attendis près de deux ans avant d'aborder le sujet avec lui. Mais après tout ce temps, alors que j'espérais un éclaircissement de sa part, sa réponse ne fit qu'ajouter à ma confusion : *« Tous ces gens veulent me parler… parce que je vois des choses à l'avance. »*

Voir des choses à l'avance ? Qu'entendait-il par là ? Quelles étaient les « choses » qu'il pouvait voir et de quelle manière les devinait-il ? Est-ce qu'il invoquait les esprits comme on le faisait enfant, en se plaçant autour d'une table ronde, sur laquelle étaient posés une feuille noircie des lettres de l'alphabet et un verre vide censé bouger selon les indications d'un spectre ? Ou bien était-ce simplement un don d'analyse comportementale très poussé qui lui permettait de déduire toutes ces « choses » ?

Quelle que soit l'hypothèse, aucune ne me mettait à l'aise.

Pourtant, bien qu'étranger à toute forme de spiritisme et, disons-le franchement, hostile à toutes croyances religieuses, je le crus sur parole. Avec le temps, il nous est facile de connaître les défauts de nos amis, et si Jean pouvait se montrer impatient, étourdi ou changeant, je savais qu'il ne mentait jamais. Il me fallut donc trouver un argument qui tienne la route.

Ma logique, très cartésienne, n'étant pas prête à admettre une explication irrationnelle, du type yogi enturbanné assis en position du lotus et marmonnant des incantations, interpréta les « visions » de Jean comme une sorte de forte intuition, allant jusqu'à croire, en étant vraiment large d'esprit, à un éventuel don de télépathie.

Cela suffit à rassasier ma curiosité. Je n'eus de toute façon pas l'occasion d'approfondir mes réflexions, car Jean, attiré par l'enseignement, quitta l'île du Levant en 1976, dès l'obtention de son baccalauréat. La rigueur militaire et l'obéissance absolue n'étant pas mon fort, j'abandonnai moi aussi la marine nationale, pour me lancer dans le commerce d'antiquités avec mon épouse, renouant ainsi avec ma formation des Beaux-Arts.

Une dizaine d'années s'écoulèrent durant lesquelles Jean et moi, pris par nos activités respectives, ne nous vîmes que très épisodiquement.

Nous recommençâmes à nous fréquenter début 90, quand Jean regagna le Sud en intégrant la mairie de La Seyne-sur-Mer. Notre amitié n'ayant pas pris une ride malgré l'éloignement et les années, je fus heureux de le présenter à ma femme et à mes deux gamins.

À ce moment, nous ignorions l'un comme l'autre que la vie allait définitivement nous rapprocher.

Après mon divorce, je partis m'installer chez mon père, à Menton. Ce changement de vie m'obligeant à multiplier les voyages à La Seyne pour voir mes fils ou pour mon travail, je pris l'habitude de dormir chez Jean, par commodité. Il ne me fallut pas longtemps pour constater que la singularité de mon ancien camarade de chambrée était toujours présente et qu'elle s'était même intensifiée. Jean devançait mes pensées, m'annonçait des événements qui n'avaient pas encore eu lieu, ou me conseillait judicieusement avec une perspicacité déroutante.

Quelque temps après la mort de sa mère, Jean me proposa de venir habiter chez lui pour éviter tous ces allers-retours. En étant à son contact du matin au soir et du soir au matin, je pus me rendre vraiment compte de ses prédispositions. Il ne faisait pas que voir des choses à l'avance, il en entendait aussi ! Et je n'étais pas le seul à l'avoir remarqué…

Il ne se passait pas un jour sans qu'une nouvelle personne veuille s'entretenir avec lui sur tel ou tel sujet. Même si je n'assistais pas à leurs échanges, je voyais régulièrement repartir plein de gens le visage décomposé et la larme à l'œil.

Intrigué par ces conciliabules, je l'avais interrogé : *« Mais qu'est-ce que tu peux bien leur dire qui les mette dans des états pareils ? »*

Jean ne pouvant continuer à me dissimuler cette facette de sa personnalité, il se décida enfin à me raconter les voix qu'il entendait depuis tout petit, les images qui lui venaient sans cesse à l'esprit, les différentes phases qu'il avait traversées, l'ignorance des débuts et l'acceptation sur l'île du Levant, en passant par le déni, la peur et la lumière divine.

Ses propos m'avaient paru invraisemblables, mais tant de mystérieux dénouements m'avaient été rapportés, tant de témoignages surréalistes, d'histoires à dormir debout, que je finis par renier tout principe de rationalité et me rendre à l'évidence : il y avait bien une puissance créatrice quelque part autour de nous et Jean était en relation directe avec elle !

Dès l'instant où ce postulat fut admis, je pris conscience des miracles qui s'accomplissaient sous mes yeux. Guérisons spontanées de maladies incurables ou chroniques, avertissements d'un danger à point nommé, divulgations de secrets de famille, messages provenant de l'au-delà, prophéties en tout genre... Si bien que l'extraordinaire devint mon quotidien.

À force de l'entendre dévoiler l'avenir ou évoquer le passé de Pierre, Paul, Jacques, je voulus, moi aussi, tenter ma chance. Un jour, je me résolus à lui poser une question qui me taraudait depuis longtemps.

Et mon père, pouvait-il entrer en contact avec lui ? Si oui, aurait-il un message à me transmettre de sa part ?

Jean m'avait observé durant plusieurs secondes avant de répondre un simple « non ». Non, il était désolé, mais il ne voyait rien, n'entendait rien non plus.

Grrr... C'était tellement frustrant ! Pourquoi cet ami, qui voyait les défunts de tout le monde, qui était capable de discourir pendant des heures avec des étrangers, de leur faire des révélations très personnelles, semblait-il avoir perdu sa langue avec moi ?

« Tu ne me dis jamais rien, Jean...

— Un jour, je te parlerai, Jeff... »

Obtenir un seul mot de mon père, savoir s'il avait trouvé la paix, m'aurait pourtant été d'un grand réconfort.

Je vivais avec lui, à Menton, quand ses facultés mentales avaient commencé à s'altérer. La situation empirant de semaine en semaine, je n'avais pas eu d'autre choix que de le placer dans un centre spécialisé... où il mourut en quelques mois.

La culpabilité est un poison violent qui atteint rapidement le cœur. Avais-je failli à mon devoir ? Étais-je un fils indigne ? Je me sentais responsable de son décès et aurais tout fait pour pouvoir lui demander pardon de ne pas l'avoir gardé avec moi jusqu'au bout.

Jean n'ayant aucune réponse à m'apporter, j'arrêtai de lui en parler et m'efforçai d'étouffer ces remords tant bien que mal.

Mais un mois après avoir eu cette discussion, au cours d'un dîner avec des amis, Jean pivota subitement vers moi, les yeux pétillants, en criant : *« Ton père est là ! »*

J'étais demeuré immobile, déstabilisé par cette annonce inattendue, sans savoir comment je devais me comporter. En même temps qu'il continuait de répéter que mon père était ici, Jean faisait tourner sa main droite autour de son annulaire gauche.

En une fraction de seconde, je visualisai mon père, lequel jouait souvent avec son alliance d'un geste machinal. Un détail jamais confié à personne, qui me fit monter les larmes aux yeux et réagir au quart de tour.

« Jean, tu peux me dire si mon père est avec ma mère ?

— Non, elle est beaucoup plus haut dans la lumière.

— Tu sais s'il est bien ?

— Oui, il l'est. »

Deux questions et c'était fini, mon père était déjà « reparti ».

Les jours suivants, j'osai à peine parler et respirer de peur de manquer un signe de ce que Jean appelait « la sphère céleste ».

Ce fut le calme plat jusqu'au soir où, en marchant dans la rue, Jean sentit quelqu'un lui attraper le bras par-derrière en riant alors qu'il n'y avait personne autour de nous. Il m'avait regardé l'air dubitatif, moi je n'avais pensé qu'à une chose : encore une manie de mon père, qui s'amusait à se cacher dès qu'il m'apercevait sur le port de Menton, pour me choper le bras par surprise en éclatant de rire… Mais peut-être que je me faisais des idées.

Ensuite, plus rien durant quatre jours. Puis un matin, en ouvrant les yeux, je vis mon père devant moi, au pied du lit. Devant *moi*, pas devant Jean !... Croyant à un rêve éveillé, je fermai les paupières, comptai jusqu'à trois et les soulevai lentement.

Je n'avais pas rêvé ! Il y avait bien un homme devant moi qui me souriait, et cet homme était mon père. Alors, j'avais souri à mon tour.

Puis, je m'étais levé sans faire de bruit, j'avais avancé vers lui et l'avais pris dans mes bras. Je pus sentir l'épaisseur de son corps, respirer son odeur comme s'il était physiquement présent à mes côtés.

Notre étreinte dura un peu moins d'une minute... et pfff, il s'évapora dans la lumière du jour.

Avec des doigts engourdis, j'avais retiré mon pyjama, revêtu machinalement un jogging, le cerveau vide de toute pensée, et descendu l'escalier en larmes. En m'entendant renifler bruyamment et en voyant mes yeux embués, Jean sut tout de suite ce qui m'avait mis dans cet état.

« Ton père est venu ?

— Oui, Jean. Il était là, avec moi... il était vraiment là.

— Je sais, Jeff, tu n'as pas besoin de me convaincre. »

Ce fut la seule et unique fois où il me fut donné d'entrapercevoir une personne décédée, qui plus est mon père.

Si je pus ressentir ne serait-ce qu'un millième de la joie éprouvée par Jean à longueur de journée, cela suffit à me faire comprendre pourquoi il planait si souvent et pour quelle raison il nous rabâchait que tout est beau là-haut.

Mes activités d'antiquaire m'avaient amené à contempler des toiles de maîtres, des œuvres d'art, mais rien de comparable à ce que l'on m'avait montré ce matin-là.

Durant cet instant de pure magie, je pus voir à travers les yeux de Jean, sentir le parfum du bonheur et toucher l'invisible.

Le tableau était d'une totale perfection.

Jackie Lombard

Il est difficile de résumer quelqu'un en seulement deux ou trois histoires. Voilà celles que j'ai choisies pour parler de Jean.

Il y a environ quatre ans, alors que nous discutions de tout et de rien au téléphone, Jean m'interrompit pour me demander si je connaissais Mike Brant, ce à quoi je répondis par l'affirmative puisque Mike avait été un de mes amis. Il y eut un blanc puis Jean ajouta qu'il devait me transmettre un message de la part du crooner israélien : Mike souhaitait que l'on fasse des arrangements sur ses anciennes chansons, qu'on les retravaille avec les techniques actuelles.

« Des arrangements ? Tu veux dire remastériser un de ses albums ?... C'est totalement impossible sans les enregistrements d'origine !

— Mike me dit que tu les as.

— Que j'ai les originaux ? Jamais de la vie ! C'est sa maison de disques qui doit les avoir.

— Pourtant il insiste... Il dit que ces enregistrements sont... qu'ils sont dans ta cave.

— Mais enfin, Jean, tu délires... Ces masters n'ont jamais été en ma possession.

— Va dans ta cave s'il te plaît Jackie, et après tu me rappelles. »

J'avais raccroché en maugréant car je détestais aller dans le sous-sol sombre et humide de ma maison. Heureusement, je n'étais pas seule ce soir-là et mon ami accepta de m'accompagner.

Une fois en bas des marches, nous nous étions regardés avec découragement en découvrant l'énorme bric-à-brac. Nous avions avancé sans conviction, lui vers les étagères de droite, moi vers celles de gauche, en nous demandant par où commencer.

Contre toute attente, mon ami m'appela d'une voix enjouée au bout de trente secondes. *« Viens voir, Jackie, je crois que j'ai quelque chose... »* Je le vis sortir une grosse boîte d'un carton. À l'intérieur : une bande 24 pistes du genre de celles que les studios utilisaient à l'époque pour les enregistrements.

Je la pris entre mes mains pour la détailler. Ma parole... Ça avait tout l'air d'un original !

J'étais scotchée ! Un tel trésor dormant dans ma propre cave, sans que je le sache... Je me souvenais vaguement d'avoir gardé certaines affaires de Mike il y a longtemps de cela… Ce carton-là avait dû être oublié ici... et il y serait sûrement resté si Jean ne m'avait pas poussée à aller là-dedans.

Sacré Jean ! Il n'en finirait donc jamais de me surprendre !

Après avoir passé quelques coups de fil, je parvins à joindre Zvi, le frère cadet de Mike, et sa fille Yona, qui contribue à perpétuer la mémoire de l'artiste dans le monde entier. Tous deux se montrèrent euphoriques en apprenant la nouvelle car bon nombre des titres de Mike avaient disparu ou n'avaient pas été restitués à sa famille et c'était toujours un miracle de retrouver certaines de ces œuvres après tant d'années.

Cette découverte était d'autant plus incroyable qu'elle coïncidait avec l'anniversaire de la disparition du chanteur ! Hasard ? Chance ? Coup de pouce ? Sachant que cela venait de Jean, j'avais mon avis sur la question...

La même année, je partis pour mon travail à Los Angeles avec Jean et Jeff. Un soir, je fus invitée à dîner chez mon amie Eliza qui me proposa gentiment de venir avec mes deux vacanciers français.

En entrant dans la somptueuse propriété nichée sur les collines hollywoodiennes, Jean salua Eliza puis il porta toute son attention sur Eric, son mari, devant lequel il s'immobilisa un long moment, sans dire un mot.

Au début, je crus qu'il était intimidé par cet acteur connu mais j'étais loin du compte. En réalité, il ne parlait plus et ne bougeait plus pour écouter et retenir tout ce que le ciel lui disait à propos d'Eric.

Quand il eut fini, Jean se lança dans une longue discussion dont je garde encore chaque mot en mémoire pour l'avoir traduite en simultané.

« Je vois la lettre N... C'est ta sœur... non, ta demi-sœur... Elle s'est suicidée juste avant son mariage... ça allait mal pour elle... »

Eric m'avait jeté un coup d'œil circonspect. Ni lui ni sa femme n'étaient au courant des dons de Jean.

« Elle a un message à te faire passer. Elle dit que tu es le seul qui a bien voulu l'écouter juste avant de partir et elle veut essayer de t'aider à son tour... Au sujet d'un film que vous aviez produit et que vous n'arrivez pas à récupérer... Elle me parle aussi d'une balade au bord de

la mer que vous aviez faite et d'une lettre qu'elle vous a écrite dans laquelle elle dit que... et... et... »

Eric et Eliza étaient sidérés. Personne, à part leur famille, ne savait. La presse n'en avait même pas encore fait ses choux gras, moi-même je l'ignorais...

Entre-temps, Eliza – qui avait réussi à nous faire passer du hall d'entrée au salon – alla nous chercher la lettre de la demi-sœur d'Eric pour nous la lire (probablement aussi pour vérifier si Jean s'était trompé ; ce dont je doutais). Et tout correspondait, point par point !

Quelle entrée en matière fracassante Jean nous avait faite ce jour-là ! Ce vécu, partagé avec quatre autres personnes, valait tous les discours du monde...

La suite de la soirée fut beaucoup plus légère et surtout très drôle.

Pendant le repas, Eric, se sentant de plus en plus à l'aise avec Jean, s'enhardit à poser une question qui le tracassait depuis plusieurs mois.

« Au fait, Jean... J'ai un peu honte de vous demander ça mais comme vous avez l'air... heu... de voir des choses que personne ne voit... Vous réussirez peut-être à me répondre. Alors voilà : souvent, le soir, j'aperçois quelqu'un dans la maison, quelqu'un de... heu... mort... C'est une femme... une femme fantôme... Est-ce que vous pensez que je suis devenu fou ? »

Avant de livrer le fond de sa pensée, Jean avait regardé sur la droite, en direction de la cheminée.

« Non, vous n'êtes pas fou Eric, moi aussi je la vois. En ce moment elle est assise juste là, devant la cheminée... »

Nous nous étions tous retournés comme un seul homme vers le foyer (éteint en cette période de l'année) en essayant de distinguer une forme ou une silhouette, mais bien entendu nous ne vîmes rien du tout.

« *Tu vois*, reprit Eric à l'intention de son épouse, *ce n'était pas une hallucination !... Mais pourquoi vient-elle ici ?... Est-ce que je dois en avoir peur ?*

— *Ne vous inquiétez pas Eric, cette femme ne vous veut aucun mal. C'est une vieille dame. Elle vient ici car autrefois c'était sa maison. Elle sait que vous voulez déménager mais elle dit que vous ne devriez pas partir car vous serez heureux ici. Si elle est là c'est parce qu'elle veille sur vous... et parce qu'elle vient voir son horloge, voilà ce qu'elle dit.*

— *Son horloge ?* s'interrogea Eliza... *Mais de quelle horloge parle-t-elle ?*

— *D'une grosse horloge qui a la forme d'une montre à gousset* », avait complété Jean.

Eliza s'était alors brusquement levée de table en nous demandant de la suivre sans autre forme de procès. Nous avions traversé la maison en sens inverse, descendu un escalier et marché jusqu'à une remise qu'Eliza ouvrit précipitamment. Elle était entrée dans le local puis nous avait fait signe de la rejoindre en souriant. Plantés comme des piquets au centre de la pièce, nous avions admiré de longues minutes durant l'imposante pendule ronde fixée au mur... qui ressemblait à une montre à gousset.

« *On vient juste de l'accrocher*, avait précisé Eliza. *Avant, elle était dans le garage...*

— *Eh bien,* conclut Eric, *ça me rassure de constater que tout ça est vrai... j'avais peur d'avoir abusé de la fumette !* »

Nous avions ri puis porté un toast à l'ancienne propriétaire qui venait, en un tour de main, de dissuader Eric et son épouse de quitter cette maison.

Mais l'histoire ne s'arrête pas là. De retour en France, je reçus un coup de fil de mon amie Eliza qui m'apprit d'une voix affolée que la série dans laquelle son mari tournait actuellement allait devoir s'interrompre à cause du comportement agressif et hystérique d'Eric sur le plateau. Personne, pas même elle, ne comprenait ces soudaines sautes d'humeur, cette hargne envers les assistants, l'équipe technique et plus que tout envers sa partenaire de jeu. Elle m'avait alors demandé si Jean pouvait intervenir à distance.

J'étais sceptique... Est-ce que Jean pouvait faire ça ? Je n'en savais rien et ne l'avais jamais entendu évoquer ce genre d'assistance...

Par amitié pour Eliza, je consentis à appeler Jean et à lui faire part de la situation. Il m'écouta et me demanda simplement à quelle heure Eric était censé arriver sur le plateau de tournage.

Je lui téléphonai un peu après l'heure dite et il me tint des propos incohérents, comme quoi il était là-bas, au studio, avec Eric, que c'était le souk mais que ça allait s'arranger.

Je me souviens d'avoir un instant douté de l'endroit où Jean se trouvait, avant de me souvenir qu'il était bien en France, dans sa maison. Dans ce cas, pourquoi avoir prétendu être aux États-Unis ?

Quand Eliza me recontacta, elle n'était plus affolée mais surexcitée. Le comportement de son mari avait diamétralement changé. Jusqu'à la semaine précédente, il ne cessait de répéter qu'il détestait la comédienne qui lui donnait la réplique, et là, coup de théâtre, il l'adorait, il était devenu aimable avec tout le monde, avenant, et le tournage avait pu reprendre dans de bonnes conditions !

J'étais estomaquée. Jean avait réussi, il s'était dédoublé, dichotomisé, pour se projeter à plus de 9 000 kilomètres de chez lui et agir sur le comportement d'Eric... Rien que ça ! Encore un nouveau don que je ne lui connaissais pas...

Au printemps suivant, quand nous retournâmes tous les trois à Los Angeles, Eliza tint absolument à ce que Jean soit l'invité mystère de l'émission radiotélévisée Zinna.tv où son mari devait être interviewé. Quand Eric finit par découvrir sa surprise, il prit le micro et se mit à raconter ce qu'il s'était passé lors du tournage de sa dernière série. Puis il s'adressa directement à Jean en lui demandant d'expliquer aux auditeurs comment il avait fait pour le changer, pour *entrer en lui* et lui faire aimer cette actrice qu'il ne pouvait pas voir en peinture...

Il y eut un moment de flottement dans le studio car personne ne s'attendait à ce qu'Eric désigne nommément celle qui était l'objet de son aversion.

Mais la magie du direct fit que des milliers d'auditeurs (et sans doute l'actrice elle-même) l'apprirent ce jour-là !

Pendant que nous tentions de détendre l'atmosphère après cette révélation gênante, Jean alla se placer devant Eric et il appuya son doigt exactement entre les deux yeux du comédien en disant : *« Je me suis simplement mis dans sa tête, à cet endroit. »*

« Simplement »... Cela correspondait si bien à Jean, à sa manière de se comporter chaque jour avec chacun d'entre nous : celle d'un homme à la fois simple et prodigieux.

Et j'étais fière de pouvoir le compter parmi mes amis.

Remerciements

Mes sœurs Marcelle et Mireille, mon beau-frère Camille, mes neveux, nièces, ma famille, ce socle sur lequel j'ai toujours pu me reposer, pour tout l'amour qu'ils m'ont et qu'ils continuent de m'apporter.

Pour toi, Jeff, mon ami, mon frère, et ses enfants.

Gérard Darmon, sa charmante épouse, Tine, et mon adorable filleule, je sais que votre amitié et votre soutien est indéfectible.

Véronique Jannot, si chère à mon cœur.

Je pense aussi à Carine, Nathaniel, Désy, Cathy et Didier, mes amis de toujours.

À Jackie Lombard, l'unique, dont la bienveillance est sans limites.

Impossible de ne pas citer mon ami de longue date, Gérard Marcon, grand spécialiste de randonnées et de VTT !

Éric Corbier pour son affection dans les bons comme dans les mauvais moments.

Edith Azzaro : merci pour ton assistance et ton dévouement durant toutes ces années !

Maître Luc-Philippe Febbraro, avocat de renom, qui a contrôlé chaque phrase de ce livre d'un point de vue juridique.

Daniel Hechter, Kareen et Olivier : soyez sûrs de mon attachement.

Jean-Claude Darmon, toujours fidèle et passionné.

Laurence et Nicolas G., plus que des amis, ils font partie de ma famille.

Le très attentionné Angelo Gopee.

Tout aussi importants à mes yeux : Isabelle et Éric, Louis et Emma, Hoda Roche, Jean-Philippe Denac, Nicole, Monique, Stéphane et ses deux filles, Leilla, Hicham.

Christian Lacroix, toujours à mes côtés.

Mes amis de Los Angeles, Jo Champa, Martine & John Laing, Rosanna Arquette : *I think of you everyday !*

Christine Cozzani, pour sa gentillesse et sa disponibilité.

Annie et Claude Vauthier.

Enfin, Aurélie, pour sa patience et son amitié qui ont permis à ce livre de voir le jour.

Et, bien entendu, Bernard Fixot, Valérie-Anne, et toute l'équipe des éditions XO !

Pardon pour tous ceux que j'ai oubliés ici mais qui ne quittent pas mes pensées...

Composition et mise en pages
Nord Compo à Villeneuve-d'Ascq

FSC
www.fsc.org
MIXTE
Papier issu
de sources
responsables
FSC® C123930

Soucieuses de la préservation de
l'environnement, les éditions XO
utilisent du papier issu de forêts
gérées de manière responsable.

Impression réalisée par CPI BRODARD & TAUPIN
La Flèche (Sarthe), en décembre 2021

N° d'édition : 4715/01 - N° d'impression : 3046795
Dépôt légal : janvier 2022

Imprimé en France